USA
TODAY

Sudoku
Super Challenge 2

Can't get enough of USA TODAY puzzles?

You can play:

- In the USA TODAY newspaper

- At puzzles.usatoday.com

- By downloading the FREE USA TODAY app
  (Get it on Google Play or iTunes)

USA TODAY

Sudoku
Super Challenge 2

200 Puzzles

Andrews McMeel
PUBLISHING®

Andrews McMeel Publishing
a division of Andrews McMeel Universal
1130 Walnut Street, Kansas City, Missouri 64106

www.andrewsmcmeel.com
puzzles.usatoday.com

20 21 22 23 24 PAH 10 9 8 7 6 5 4 3 2 1

ISBN: 978-1-5248-6035-6

ATTENTION: SCHOOLS AND BUSINESSES
Andrews McMeel books are available at quantity discounts with bulk purchase for educational, business, or sales promotional use. For information, please e-mail the Andrews McMeel Publishing Special Sales Department: specialsales@amuniversal.com.

Sudoku
Super Challenge 2

Introduction

About Sudoku

Sudoku is a Japanese word that loosely translated means "number" and "single." Its origin stems from an 18th-century brainteaser created by Swiss mathematician Leonhard Euler called Latin Squares.

Sudoku Plays and Rules

Complete the grid so that every row, column, and 3 × 3 cube contains every digit from 1 to 9 inclusive with no repetition.

In Sudoku, you are given a 9 × 9 grid. Some of the grid squares already contain numbers—you cannot change these. To work the puzzle, fill in the empty squares of the grid with the numerals 1 through 9.

The puzzle is solved when each row, each column, and each 3 × 3 cube contains the numerals 1 through 9 with each numeral appearing only *once*. The 3 × 3 cubes are differentiated by shading.

A Sample Sudoku

Working a sample puzzle will help you learn valuable Sudoku tips. For simplicity's sake, each column, row, and cube in the sample puzzle will be designated for easy reference; see fig. A.

Figure A

To begin completing this Sudoku puzzle, first look for obvious answers that you can determine from simple elimination. Starting with the number 1, work your way through the puzzle checking each cube to determine where a number 1 should go. For example, look at cube 5 in fig. B. Remembering that each cube must have the numbers 1 through 9 and that no number can be repeated in a row or column, you can deduce the correct position for the number 1. Row 4 has a number 1 in cube 4 so you know that the number 1 in cube 5 cannot be in row 4. Now, if you look at column 4, you see that cube 8 has a number 1 in that column. From this, you know that the number 1 in cube 5 must be in row 6, column 6.

Figure B

Now you can easily find the position of number 1 in cube 2. You already know that row 1 and column 4 are not available. So the only position for number 1 is the middle square of that cube.

Using this strategy, check the remaining cubes for the number 1 and proceed with the rest of the numbers until you have checked them all 1 through 9. Check your solutions with fig. C to see if you found all of the possible answers by elimination.

Figure C

Now that you are this far, take a look at your puzzle as a whole. Are there any columns, rows, or cubes that are missing just one number? Since we know that every column, row, and cube must have the numbers 1 through 9, you can easily fill in any section of the puzzle that's missing just one square. For example, column 5 is missing one digit. By elimination you can determine the missing number is 8. With that solved, cube 8 now has only one missing answer. Look for other solutions such as these.

Figure D

You may find it helpful to jot down possible solutions in the blank squares as helpful reminders. As you determine other answers, one of your clues may be eliminated, and in turn, reveal the only possible solution for that blank.

After completing the rows, columns, and cubes with only one answer missing, look at the ones with two answers missing. Determine which numbers are not filled in and check those against the numbers in each cube, column, or row. For example, look at column 3 in fig. D. The missing numbers from this column are 6 and 8. Look at the rows and cubes that intersect column 3. Row 7 has the number 6 in it already so you know that the blank square (column 3, row 7) cannot be 6. By elimination, it must be 8. This also works when you study row 9. Row 9 already has an 8 in it so by elimination the blank square (column 3, row 9) must be 6; see fig. E.

Check the rows and columns for the rest of the puzzle using this strategy. Remember, after you fill in a blank, search all rows, columns, and cubes again for any that are missing one digit. You now should be able to complete the rest of the puzzle.

columns

rows

Figure E

If you get stuck, remember the first step you took to complete the puzzle: simple elimination.

Now that you have completed your first Sudoku puzzle, have fun and go wild with the challenging and addictive puzzles collected in this book!

columns

	1	2	3	4	5	6	7	8	9
1	9	1	2	6	7	8	5	3	4
2	7	4	3	9	1	5	8	2	6
3	8	6	5	4	2	3	1	9	7
4	1	8	7	3	5	4	2	6	9
5	6	5	4	7	9	2	3	1	8
6	2	3	9	8	6	1	4	7	5
7	5	7	8	1	3	9	6	4	2
8	4	9	1	2	8	6	7	5	3
9	3	2	6	5	4	7	9	8	1

rows

Solution

1

		2			8	5	7	3
			9	7		4	1	
1	3		2		5	9		
		6	3		4	8		7
	7			6			5	
2		9	8		7	3		
		1	4		6		2	8
	2	3		8	1			
8	6	4	7			1		

Difficulty: ★☆☆☆☆

2

4		1		6	8			2
2			7	3	4			
	6	9		2			4	3
				5	7			1
		4	6		3	7		
8			4	1				
3	4			9		6	5	
			8	7	5			4
9			3	4		2		8

Difficulty: ★☆☆☆☆

3

		7		3		9	8	4
1			9	8			2	
9	4	8		2		1		
7			3	5				2
8	5						7	1
3				6	1			5
		3		7		2	1	9
	7			9	2			8
5	9	2		1		7		

Difficulty: ★ ☆ ☆ ☆ ☆

4

5			6	1		7		
		7	8		4			6
3				9	5		2	1
8			1					7
1	6	4		7		5	9	3
7					6			8
6	5		4	2				9
9			5		3	6		
		2		6	7			5

Difficulty: ★ ☆ ☆ ☆ ☆

5

				3	1		8	6
	6			4		3		
		3	8	5		7	2	
	2	8			3	1	5	
3	7	5		2		9	6	4
	9	6	5			8	3	
	8	4		1	5	6		
		7		6			1	
6	1		7	8				

Difficulty: ★☆☆☆☆

6

3	1		4		8			
9		2		1	7			3
8			6		9			1
		1			4			8
7	5	3		6		4	9	2
4			2			7		
5			7		2			9
1			3	8		5		7
			1		5		6	4

Difficulty: ★☆☆☆☆

7

				5	7	1	9	6
1	3		6	9		4	7	
	6	9		8	4			
						7		
4	5		2	7	9		6	1
		1						
			9	2		6	8	
	1	7		3	6		4	5
6	8	2	7	4				

Difficulty: ★☆☆☆☆

8

			8	5	3		2	
5		3					8	6
	2			6	4		9	
2	4		3		8	6		7
6		7	2		5	3		8
3		5	6		1		4	2
	7		4	3			6	
8	5					2		4
	3		5	8	2			

Difficulty: ★☆☆☆☆

9

7		5		4	8	9		1
4			5	3		7		
2		9			6	5	8	
	7			5		8		2
9			8		7			3
1		4		9			7	
	2	7	1			4		9
		1		2	4			7
5		6	9	7		2		8

Difficulty: ★☆☆☆☆

10

	6	8	4	2	9			
5			3	6				9
	7	9	8				6	4
7				4		3		8
	2			3			7	
9		3		5				2
4	9				3	1	5	
2				9	6			7
			5	7	4	9	2	

Difficulty: ★☆☆☆☆

11

		6	5	4			1	9
4			2	9	6	3		7
	9	7	8	1			6	
2						7		
8			4	7	5			1
		9						8
	7			2	8	4	9	
9		8	6	5	4			2
1	4			3	9	6		

Difficulty: ★ ☆ ☆ ☆ ☆

12

		1	3	5	9		7	
					8	3		9
5		3	7		6			4
1			4	6		5	9	
	3		2		5		8	
	5	9		1	3			2
6			5		2	9		8
9		5	6					
	7		9	8	4	1		

Difficulty: ★☆☆☆☆

13

9				3	4		1	
1	3		2	7			9	6
		7		6		3	4	
7	5		6			9		
	1		3	5	8		6	
		8			7		5	3
	2	6		1		4		
4	7			8	3		2	9
	9		4	2				8

Difficulty: ★☆☆☆☆

14

9		5					8	
				9	4	6	2	
6		4	2	5				7
	4	6	1	2		8		
1		7		6		2		4
		8		4	7	3	6	
8				3	2	5		6
	3	1	7	8				
	6					7		8

Difficulty: ★☆☆☆☆

15

		2	3			8	7	
		3	2	5			1	
	8			7	4	2	3	5
8								2
9	2	5		3		1	6	8
6								7
4	1	9	7	8			5	
	5			9	3	4		
	6	8			1	7		

Difficulty: ★ ☆ ☆ ☆ ☆

16

			2		5			
		5	4	3	8		7	
	8		6	9		4	2	5
	9	8		1				
	6	4	9	5	2	7	3	
				4		6	1	
4	5	9		2	7		8	
	1		3	6	9	2		
			5		4			

Difficulty: ★ ☆ ☆ ☆ ☆

17

	1			3	5	6		
3	8	6			4			
9				2	1			8
7	5		9		6	1		
6	2						4	7
		4	2		7		5	6
5			1	6				3
			3			2	6	5
		3	4	5			1	

Difficulty: ★☆☆☆☆

18

			4	9		3	2	
	4		2				6	
2			6	7			1	5
9	1	5	3	8		2		
	2			1			9	
		7		4	2	6	5	1
1	7			2	9			6
	5				3		7	
	9	3		5	4			

Difficulty: ★☆☆☆☆

19

			2	5		1		8
			8	4	7	3		6
8			9		3	4		
	2			3	8		7	9
6				2				1
9	1		5	6			8	
		3	6		2			4
2		6	4	7	1			
1		9		8	5			

Difficulty: ★☆☆☆☆

20

	6	3		8	7			1
				5	4	3	8	
8				3		7	6	9
		6	8	4	2		1	
		8		1		6		
	3		5	7	6	2		
4	9	7		2				6
	5	1	4	6				
6			7	9		1	4	

Difficulty: ★☆☆☆☆

21

		1		3	7	4	5	
7	2	8	6					
3		4		9	1	7		
	4	3		2	6	9		
	1						4	
		9	1	4		8	6	
		5	9	6		1		8
					3	6	2	4
	6	2	4	7		5		

Difficulty: ★ ☆ ☆ ☆ ☆

22

8	7	3		4		6		
9				6		3	8	
	2	6		3	9	1		
		8		7			9	3
6		7		9		4		8
4	9			1		7		
		5	6	8		9	3	
	8	9		2				4
		1		5		8	7	2

Difficulty: ★☆☆☆☆

23

				5	9			1
8				4	3	6		
3	4			6	1		8	
		6	1	8	2			4
2	9						1	6
5			9	7	6	3		
	2		5	1			6	3
		5	3	9				2
9			6	2				

Difficulty: ★ ☆ ☆ ☆ ☆

24

		8	7	5	1		3	9
			4		2		5	6
	4			3	9	8		
5			2	7			6	8
2	8						4	7
9	7			4	8			1
		1	8	2			9	
4	6		9		5			
8	9		3	6	4	1		

Difficulty: ★☆☆☆☆

25

	7	2		6	4		5	
		6	2			9		
8		4	1	9	3		2	
	6			2	8	4	7	
7				4				5
	4	5	3	7			6	
	1		4	3	6	8		2
		3			5	6		
	8		7	1		5	4	

Difficulty: ★ ☆ ☆ ☆ ☆

26

2	4	5		9		8		
	6		2	5		9		
	9			7		6		2
1	7		8	6		2		
	2		7	1	9		6	
		8		4	2		1	9
3		2		8			9	
		7		3	4		2	
		6		2		1	8	3

Difficulty: ★ ☆ ☆ ☆ ☆

27

3	8	6		4		9		5
		5		3	9			
7		2		5			1	4
5				1				
1	4		8	2	3		9	6
				9				2
8	7			6		4		1
			3	8		7		
9		1		7		2	8	3

Difficulty: ★ ☆ ☆ ☆ ☆

28

				5	4	1		8
				8		2		7
	8			1	9	5	3	
9				2			4	1
	6	8	3	4	1	9	7	
2	1			7				5
	7	9	1	3			5	
8		6		9				
3		1	8	6				

Difficulty: ★ ☆ ☆ ☆ ☆

29

			5	6	7			4
		4		1				5
9	6			4		1		2
	9		2	7		3	8	1
	1	3				2	5	
2	5	7		8	3		9	
5		2		3			4	9
3				2		5		
6			4	5	9			

Difficulty: ★ ☆ ☆ ☆ ☆

30

1		7			6		8	
2				5	7	6	3	
	3	8		2	4			
	9	2	6			3		
3	6	5		4		1	2	8
		1			5	9	6	
			4	8		5	7	
	7	4	9	6				2
	2		5			4		6

Difficulty: ★ ☆ ☆ ☆ ☆

31

	5		7	1	9	6		3
	9					1		8
				8	6			5
	1				2	7	3	
	4			6			1	
	2	3	1				8	
5			6	4				
4		1					5	
7		9	5	3	1		6	

Difficulty: ★★☆☆☆

32

			5		2		4	1
	5			8		9		
1			7	3				
8	1	3						
2	9			5			1	7
						6	3	8
				1	7			2
		1		4			8	
3	7		8		5			

Difficulty: ★★☆☆☆

33

			3	1		2	5	8
4					8	1		
				2				
1	7			3		5		
	3	2	4		7	8	9	
		4		5			2	3
				8				
		3	5					2
8	5	7		4	9			

Difficulty: ★★☆☆☆

34

		2		4	6			
5				2		3		
	8	4		5				
9	4		6			5		
3		6				2		9
		7			3		6	8
				9		1	8	
		3		6				2
			7	3		9		

Difficulty: ★★☆☆☆

35

			8	4	1			
		7	2					
2		4		6	5	8	3	9
4	2			1				6
	6		5		7		8	
8				2			5	1
9	3	2	6	7		5		8
					3	2		
			9	5	2			

Difficulty: ★★☆☆☆

36

9				2		4		1
			9					2
	2	7	6	4		8		3
7				3			8	
	9	5		8		1	2	
	1			5				7
8		9		6	2	3	1	
4					3			
2		3		9				8

Difficulty: ★★☆☆☆

37

1		4			6		7	
			7			8		9
	9			5			4	2
4		3		6			8	
			3	1	5			
	1			7		3		6
5	3			4			6	
2		8			7			
	6		5			4		8

Difficulty: ★★☆☆☆

38

6	1			5	7		8	
4		9	8					
	7			1		2		
				7		8	6	1
				4				
1	6	7		8				
		3		9			7	
					1	4		8
	8		7	6			5	3

Difficulty: ★ ★ ☆ ☆ ☆

39

	7			8			4	9
9	8	3		4		5		
5		4		3			8	
	5				3			
7			6	2	4			5
			7				6	
	2			6		8		1
		9		7		2	3	6
8	6			1			7	

Difficulty: ★★☆☆☆

40

	6	2	4	7	8			5
			3			7		6
	7	5		9			4	
			1			4	9	
7				6				3
	4	8			5			
	5			8		1	3	
4		3			6			
1			5	4	3	2	6	

Difficulty: ★★☆☆☆

41

2	4	3	9	7		1		
6			8		1			2
	7			2			9	
						9		4
2			5	4	3			6
7		3						
	1			8			6	
9			6		4			1
	6		1	7	5	4	8	

Difficulty: ★★☆☆☆

42

	7	6		9	1		3	
		9		8			7	
	8			5	6			9
		5						4
	2		5	6	4		1	
9						8		
4			1	7			9	
	5			4		7		
	9		6	3		2	4	

Difficulty: ★★☆☆☆

43

6	2		7	8		3		
	8	4		2			7	
			1	6		4		
		5	8				6	7
8				9				3
2	9				7	8		
		9		7	8			
	5			1		7	9	
		2		4	5		3	8

Difficulty: ★★☆☆☆

44

				7				6
9	7	2	6	8			1	3
		3			2	9		
	8			5	7			
	6			4			5	
			1	3			7	
		4	3			2		
8	2			6	1	3	4	5
1				2				

Difficulty: ★ ★ ☆ ☆ ☆

45

	4		3	8	9			
9		2	7					3
				4		8	9	
3						2		
		9	5	7	2	4		
		7						5
	9	8		2				
1					8	6		9
			9	1	3		7	

Difficulty: ★★☆☆☆

46

8				5	4	6		
	7	2			6		1	
				1	9		7	
	9				3		8	
3				7				4
	1		8				9	
	5		1	3				
	6		5			7	3	
		3	6	9				2

Difficulty: ★★☆☆☆

47

8	7		2		9		6	4
4	3	6		8	1			
	2	9						
3		1	6			9	4	
			9		8			
	6	2			5	8		1
						7	5	
			8	5		4	1	6
5	4		1		6		9	8

Difficulty: ★★☆☆☆

48

				2	7	5	1	
		6		8			2	9
			9	5				6
	6		2	9		8		
3	7						9	5
		8		7	1		6	
6				3	9			
9	2			1		6		
	8	7	5	6				

Difficulty: ★ ★ ☆ ☆ ☆

49

			7	1	6		8	5
7	5					3		
6				3			1	
				5			9	4
	4		8	7	9		3	
3	9			2				
	1			6				3
		3					2	1
2	6		1	4	3			

Difficulty: ★★☆☆☆

50

		2			9	6		1
5	9			7		4		
	1		8	2				5
					8	9	5	
8	5		2	9	6		3	4
	2	4	5					
6				1	5		4	
		5		6			1	7
1		9	4			5		

Difficulty: ★ ★ ☆ ☆ ☆

51

	8				6	2		
9			8	3	2			
				5				4
		2					6	
6	3		5	7	4		2	9
	5					1		
8				9				
			1	2	3			8
		3	4				7	

Difficulty: ★★☆☆☆

52

								8
	9	8	5	2	7	3		6
	6	7	8	3	9	2		
3	1	5		8		4		
				4				
		4		9		6	3	1
		6	9	1	3	8	4	
9		3	4	5	8	1	6	
8								

Difficulty: ★★☆☆☆

53

2	5			3	8			4
	9	8		2	4			
4					9			
3		9				7		5
		1		5		6		
7		5				1		3
			9					7
			4	8		2	6	
9			6	7			3	1

Difficulty: ★★☆☆☆

54

	8	4	6				1	
9					4			
	6			3	7			2
		5		4			2	
	7	3		2		1	5	
	2			5		6		
3			5	8			9	
			3					1
	1				9	8	3	

Difficulty: ★★☆☆☆

55

4				8			2	6
				3	1			
5		8	6	9			7	1
	5		8			2	4	
	4						8	
	8	6			3		9	
6	7			1	2	8		9
			9	4				
2	9			7				4

Difficulty: ★★☆☆☆

56

		1		8	6		4	
3			2			9		
	4		7	1				8
	3	9		2				
1		7		9		2		5
				6		4	7	
9				3	1		2	
		6			2			3
	1		9	7		8		

Difficulty: ★★☆☆☆

57

	4	1		3		7		
			1	2	9			
6					7	2		
		4		5	1			
	2	3				1	5	
			9	7		8		
		6	7					4
			6	9	3			
		8		4		6	7	

Difficulty: ★★☆☆☆

58

4	2				3		9	
6	8	5	9		4	3	2	
				5	2		4	
9			4	2				3
3				9				6
5				3	1			2
	3		5	4				
	5	9	2		6	7	3	4
	4		3				1	5

Difficulty: ★ ★ ☆ ☆ ☆

59

			1					9
			2	3			5	
6	3	8			5	4		
						8		7
		9	8	6	3	4		
4		6						
			7	4		9	2	1
	7			8	2			
2					1			

Difficulty: ★ ★ ☆ ☆ ☆

60

7	2	3	5	6	4	9		
			3		8	7	6	
	8			7	1		4	
5		1						
			1	2	9			
						6		7
	6		7	4			5	
	4	5	9		3			
		7	8	5	6	2	9	4

Difficulty: ★★☆☆☆

61

			1	4		8		
		1		8		6	9	
7			6	3				1
	3	5	7				6	
	1	4		9		7	5	
	7				6	3	8	
1				6	8			5
	4	6		7		9		
		7		5	1			

Difficulty: ★★☆☆☆

62

1	4		6					
	3		7	8			4	
2		8		4		9	3	
				5		2		
	9		8	1	7		5	
		3		6				
	6	7		2		4		5
	8			3	6		2	
					8		6	9

Difficulty: ★★☆☆☆

63

	4	7		8	5	9		
2				1				3
			2		9			
		2		5		1	8	
9			7	4	8			2
	6	3		2		7		
			5		6			
6				7				4
		9	1	3		2	6	

Difficulty: ★★☆☆☆

64

				4	7	2		
				9	3		4	1
			6	8				3
6			3	2	8		5	
5								7
	2		9	7	5			6
3				6	4			
8	9		1	5				
		5	8	3				

Difficulty: ★★☆☆☆

65

	6		9	3				
				8	4			9
2		7		6		8		
			6			5		2
			1	5	9			
1		6			8			
		5		9		2		4
8			4	1				
				2	7		3	

Difficulty: ★★☆☆☆

65

66

	8	4						5
1	7			5			2	
		9		3	6	7		
	6		1	4				2
		1		2		3		
7				9	5		6	
		3	5	7		8		
	1			8			3	9
8						2	1	

Difficulty: ★★☆☆☆

67

			8	1			9
	4		5	7			6	
	6	8	3	4	9			
						8	3	6
	9			3			1	
6	5	3						
			8	9	3	7	2	
	3			5	7		8	
7			2	6				

Difficulty: ★ ★ ☆ ☆ ☆

68

7			1			6		
	8			6	9			
		9		8			4	3
		6			1	3	2	5
	4	2	6	5	8	9	1	
5	9	1	2			4		
9	2			1		8		
			8	9			7	
		8			7			1

Difficulty: ★★☆☆☆

69

6			8	1			4	5
		8	9	2		1		
		4		6	5			
			4	5				3
8	1			3			6	9
9				8	6			
			2	9		7		
		1		7	8	3		
3	9			4	1			8

Difficulty: ★★☆☆☆

70

	4		1	9	5	2		
	5		8	3	2	4	7	1
								5
	8		3					7
		9		1		3		
2					9		1	
3								
5	1	2	9	4	7		6	
		8	6	5	3		2	

Difficulty: ★★☆☆☆

71

		4		6	1	8		3
		3		7				5
			5				6	
4				5				8
	2			8			1	
6				2				7
	9				8			
7				1		6		
3		8	7	9		2		

Difficulty: ★ ★ ★ ☆ ☆

72

		9	3		1	7		8
3			2	8			1	
				5	6			
	6	1		7		5		2
				3				
7		5		1		8	9	
			1	9				
	1			2	8			6
9		8	4		3	2		

Difficulty: ★★★☆☆

73

5				3		2		
		2			4	3	9	
7				5	2	1		
	3			9		8		
		4		6		5		
		1		7			2	
		9	5	2				8
	2	6	8			7		
		7		4				2

Difficulty: ★★★☆☆

74

8				6				
		5		9	4		1	
	6		3	5			9	
1		7		4				
		8	2		1	4		
				8		1		5
	8			2	7		5	
	5		4	1		2		
				3				9

Difficulty: ★ ★ ★ ☆ ☆

75

6					8		2	
1			6	9			3	
	3	7		4			6	9
			4					1
				2				
2					1			
7	6			5		8	9	
	9			1	6			7
	2		9					3

Difficulty: ★★★☆☆

76

			2	5			3	
	4		1					7
	2			4	3		5	8
		9		7				
6				1				3
				6		4		
8	7		4	2			9	
1					8		2	
	3			9	6			

Difficulty: ★★★☆☆

77

				5			1	7
				6	7			4
			3				9	2
				3		5	8	9
				4				
7	8	2		1				
4	7				6			
8			5	7				
3	2			9				

Difficulty: ★ ★ ★ ☆ ☆

78

		4					9	
1	2	8	4				3	
		9		1	5	4		
		7		5		9	8	
				4				
	4	5		2		7		
		1	9	8		3		
	8				7	6	5	9
	9					8		

Difficulty: ★ ★ ★ ☆ ☆

79

	9			8			7	
		1		4				
	7		5	9		6	2	8
		9			5			3
				6				
6			7			8		
8	4	7		5	3		9	
				1		2		
	6			7			5	

Difficulty: ★★★☆☆

80

		5						
	2		8	3	5			9
7			9	2				
4	1		5			2		
	7			4			1	
		2			7		5	4
				9	2			5
8			4	5	3		9	
						1		

Difficulty: ★★★☆☆

81

		4	7	9			1	
7				2			9	
3			6	5			8	
	4		3		5	6		
		7		6		8		
		9	8		2		4	
	8			3	1			7
	7			8				4
	5			4	7	9		

Difficulty: ★★★☆☆

82

	7	5			3		2	
		6		2	8	1		
						9	7	
	1	7		8				2
	6	8		4		7	1	
3				7		6	5	
	5	9						
		4	2	3		5		
	3		5			2	8	

Difficulty: ★★★☆☆

83

		2	9	7		5		1
				4			2	
	8			1	5	3	4	
		4		5		6	8	
				8				
	5	8		6		7		
	2	5	8	9			1	
	1			2				
9		7		3	1	2		

Difficulty: ★★★☆☆

84

	7		3		6	9		
	4	8		9				6
	6		7	5				
			9					1
7				6				4
5					3			
				3	1		4	
2				7		1	3	
		1	5		4		7	

Difficulty: ★★★☆☆

85

4					9			
5	2		1	8	3		4	
				4		5		9
		7				2	5	
			9		7			
	8	3				9		
7		8		9				
	9		5	2	1		3	7
			4					5

Difficulty: ★ ★ ★ ☆ ☆

86

	2	9		7			6	5
		6		8	5		7	1
			6					
			3	4			9	7
7	4			2	6			
					9			
3	7		4	6		5		
6	9			5		4	8	

Difficulty: ★★★☆☆

87

7				3	8	2	9	6
	6			1	9			
				2				
	3	2	9			5		
6				5				3
		5			2	1	7	
				9				
			2	8			4	
9	7	6	5	4				2

Difficulty: ★★★☆☆

88

9					3	4		
			4	8	6	9		1
							3	8
	4	7		6	1			9
				4				
2			8	3		5	7	
5	7							
1		9	6	5	8			
		8	3					5

Difficulty: ★★★☆☆

89

		7	3			5	6	
			5	7	9			
		5		6		9	2	
	3	8						9
4		2		9		3		6
9						2	7	
	4	9		3		1		
			6	8	4			
	7	3			2	6		

Difficulty: ★★★☆☆

90

			8	9	6			
	1		7	2		5		
	6			1		7	8	
				3	8		7	
	5	8		7		9	6	
	3		6	5				
	9	6		4			5	
		1		6	5		3	
			1	8	9			

Difficulty: ★★★☆☆

91

1		8	4		5			
	7			6			9	2
				3		8		1
	8		2	7		5		
				5				
		7		1	6		2	
6		9		4				
7	4			8			1	
			1		9	6		7

Difficulty: ★★★☆☆

92

				7	6	8	9	
			8	9				
		1		5				
	6				7	9	4	
		2		4		3		
	4	8	9				1	
				8		7		
				1	9			
	8	4	2	3				

Difficulty: ★ ★ ★ ☆ ☆

93

	7			8	6	4		
		3	2	1				5
	1		7	5			8	
		7			2			6
				7				
3			1			5		
	3			4	7		2	
2				3	1	6		
		6	8	2			1	

Difficulty: ★★★☆☆

94

				9			8	6
	6	4		8	5			
8		9		1				
9	7	1						5
				6				
2						9	3	1
				5		4		7
			1	3		5	9	
5	9			2				

Difficulty: ★★★☆☆

95

				1	4	3		
	4		7	2			9	5
		8						7
	8			6		5		1
			8	4	1			
7		4		5			2	
4						8		
2	7			8	5		1	
		1	4	7				

Difficulty: ★★★☆☆

96

		7			6	8		
4	9			2	8	7	5	
			5					1
	8	3						
1		4		6		5		8
						1	3	
7					2			
	2	1	8	4			7	5
		9	7			4		

Difficulty: ★★★☆☆

97

				3		7		
	3			8			9	6
5		8		9				4
6	4			1	3			2
			8		7			
8			4	6			7	3
7				2		5		8
4	2			7			3	
		9		4				

Difficulty: ★★★☆☆

98

			6	2	9			
						9		
	7	1		3	4			8
5				8		7	9	6
	9						4	
4	8	7		6				3
2			7	4		1	6	
		4						
			3	9	6			

Difficulty: ★ ★ ★ ☆ ☆

99

		9	6	2				
			9		5			2
	8	2		3	1			9
4				6		2		
	1	6		5		8	4	
		8		9				5
2			8	7		5	1	
6			5		3			
				4	9	7		

Difficulty: ★ ★ ★ ☆ ☆

100

		9		7		6	8	
	2	8		3				9
		5		9	8		2	
	9			8	7			3
		6		5		9		
5			9	2			6	
	5		7	4		2		
4				1		8	9	
	3	7		6		1		

Difficulty: ★ ★ ★ ☆ ☆

101

	3			2	9	1		7
	6		7	8	5	4		
2				1				3
		5				8		
3				7				1
		8	4	5	1		2	
4		3	2	6			8	

Difficulty: ★★★☆☆

102

9				4				
		6	2	5	3	8		
3		4		9	6		1	
6				8		4		
	9			2			3	
		5		7				6
	4		9	6		1		3
		7	4	1	8	6		
				3				8

Difficulty: ★★★☆☆

103

8			1	9		2		5
		1		2	6			
3		6		5	8			
				1			4	
7		3				9		2
	5			7				
			5	4		3		9
			8	6		1		
1		8		3	9			6

Difficulty: ★★★☆☆

104

4	2				3			8
		6	1	2				
				7	9			2
				5		3	7	
	1		7	3	4		8	
	5	7		9				
7			3	8				
				4	5	8		
5			2				3	4

Difficulty: ★ ★ ★ ☆ ☆

105

			8	4		7		
				3	9		4	5
		3		2			6	
4		6		5				
	5		7		4		3	
				6		4		8
	9			8		1		
2	3		9	1				
		4		7	5			

Difficulty: ★★★☆☆

106

	7	3		8			1	
			3			5		8
6				7	5	2		
	6			5				
			4	2	3			
				9			5	
		7	9	4				3
2		8			6			
	4			1		7	8	

Difficulty: ★ ★ ★ ☆ ☆

107

				3	7	8		2
				5	8	4		
8	1	7		6				5
7	2							
	3		2	4	1		5	
							2	8
2				1		3	7	4
		3	8	2				
4		6	3	7				

Difficulty: ★ ★ ★ ☆ ☆

108

	9			7				6
	3	7	5	8				
6				9	4			
3	8	1					5	7
				5				
5	6					8	4	2
			3	6				1
				1	7	3	2	
7				4			6	

Difficulty: ★ ★ ★ ☆ ☆

109

	3		5	9	2	6		1
	1	2				4		
9			1					
7		3	9			2		
				1				
		1			4	3		9
					1			4
		6				7	2	
2		4	3	7	9		8	

Difficulty: ★ ★ ★ ☆ ☆

110

	7			9			5	6
	8		7	6		1	2	3
		1	2	5			7	
				8			4	
			6	1	5			
	1			2				
	3			4	2	9		
1	9	2		7	6		3	
6	4			3			1	

Difficulty: ★★★☆☆

111

9	2			4	7	5		1
		6	8				4	7
		4		5				
			1		3		5	8
				6				
5	9		4		8			
				8		1		
7	1				2	4		
6		5	9	1			7	3

Difficulty: ★★★☆☆

112

		1		3	8			
	5			6			3	1
9	2		1	4			8	
1		5		9				
			4	7	2			
				8		3		9
	3			1	4		5	2
5	7			2			9	
			7	5		8		

Difficulty: ★ ★ ★ ☆ ☆

113

3	7			1	4		9	2
					6			
1	8		2	7		6		
	4		9					
5	1			6			4	8
					2		7	
		1		2	7		6	4
			6					
6	2		4	3			8	9

Difficulty: ★★★☆☆

114

8	2							6
	6			8	4			
1	3			2	9	4		
		1	4		8		6	
		9		1		8		
	5		9		7	2		
		3	1	7			4	8
			3	9			5	
7							3	2

Difficulty: ★★★☆☆

115

8		5		9	2			
				8			7	9
		7		3				2
	1	9		2			8	7
5	8			1		9	4	
9				6		1		
6	2			4				
			8	7		6		4

Difficulty: ★★★☆☆

116

2				5			9	
		9	6	1	2			
5	1				3	2		
7							1	
		3	5	2	4	6		
	9							8
		1	2				6	5
			3	4	5	9		
	2			9				7

Difficulty: ★★★☆☆

117

6		4			9			
		8	1	6			3	
	5		3	2			6	
	8	2		1		5		
			7	9	2			
		3		5		7	4	
	4			7	1		5	
	7			3	6	9		
			9			3		7

Difficulty: ★ ★ ★ ☆ ☆

118

		4		2	3		1	
8		2	9	5				
3	1							
4		9		6				
5				1				3
				9		2		6
							8	7
				4	5	3		2
	9		2	7		4		

Difficulty: ★★★☆☆

119

			6	1	9			
	6			4		5		8
		7	5	2				
7			1	5				
6		5		7		3		9
				8	6			4
				3	1	2		
2		3		6			9	
			2	9	4			

Difficulty: ★ ★ ★ ☆ ☆

120

	2			7	5	1		
	3			6	1			
		7		3				
		4				6		9
	7			2			1	
8		2				4		
				8		5		
			6	5			9	
		9	7	4			8	

Difficulty: ★★★☆☆

121

2			7	6	3			
		5		1			2	3
		4			2			
	9		1	3				8
	3			4			9	
5				9	6		7	
			6			7		
6	8			7		5		
			3	2	8			1

Difficulty: ★ ★ ★ ☆ ☆

122

			2			7		
				7		6	2	
		1		3	8			
		9		8			7	6
	5			2			4	
6	8			4		1		
			3	5		9		
	7	2		6				
		5			9			

Difficulty: ★★★☆☆

123

	2			9		4		
6				2				9
7		9		1	5			2
	1			4	2			
3		4		7		5		6
			6	5			4	
8			4	3		2		5
4				6				3
		5		8			1	

Difficulty: ★ ★ ★ ☆ ☆

124

	1	7	5	6	3			
2				1			5	
						3		
6		8			1		9	
	2	1		3		7	4	
	9		8			2		6
		2						
	6			4				7
			2	7	6	1	3	

Difficulty: ★ ★ ★ ☆ ☆

125

		9		4	5			7
		2					6	
			3	9			4	
	6	8		5		2		4
				3				
7		1		2		6	8	
	2			7	1			
	4					8		
9			5	8		7		

Difficulty: ★ ★ ★ ☆ ☆

126

6				7	8			1
		1		6		2		8
	4				1		7	
		2	7	4				
3								7
				3	5	9		
	3		1				8	
2		4		8		5		
1			5	2				4

Difficulty: ★★★☆☆

127

				6			4	9
	4		7	8				5
		1		9	2			3
2								8
		4		2		6		
8								1
1			2	3		8		
7				5	8		1	
4	6			7				

Difficulty: ★★★☆☆

127

128

	9			6	7		3	8
7				8		9		
				2	4			
	5			7			6	4
		7		3		5		
3	4			5			1	
			3	1				
		8		4				9
5	1		8	9			7	

Difficulty: ★★★☆☆

129

1	6		5			9		
5				3				
		9		1		3		
				2			5	
4		5	3	6	9	2		7
	2			4				
		8		5		1		
				9				3
		2			3		9	6

Difficulty: ★★★☆☆

130

				5	7			
	4			6				3
3		7	9	1				
	2						3	5
	7			8			4	
6	8						1	
				9	3	4		8
8				7			9	
			8	2				

Difficulty: ★ ★ ★ ☆ ☆

131

4				1		8		
	8			7	9		5	2
	7		4					
7						9		
		9		8		5		
		1						7
					1		9	
3	9		6	5			4	
		2		4				5

Difficulty: ★★★☆☆

USA TODAY

132

		8	9		4			
7	1			6		9	8	
	2			7	8		6	
					6		4	
	6	2		4		8	7	
	4		2					
	7		8	2			3	
	5	4		9			2	8
			4		3	7		

Difficulty: ★★★☆☆

132

133

					2	3	6	
	2			3				
3	5			6	8			4
			6					5
1	7			9			3	8
6					1			
5			7	2			8	3
				4			1	
	9	7	5					

Difficulty: ★★★☆☆

134

		3		7	2			1
2		7		1				8
			8	9	3			5
							3	
1				2				6
	4							
7			2	5	9			
3				6		9		7
5			1	3		2		

Difficulty: ★ ★ ★ ☆ ☆

135

	1			4	3			
		9		7	5		8	4
	4		6				5	
		3				6		
4				5				8
		1				5		
	8				7		3	
3	6		4	8		9		
			9	3			6	

Difficulty: ★★★☆☆

136

			3		7			9
				8		1		
	3			9			6	
6		1	2	5				
5	7			3			9	2
				7	9	5		4
	4			6			8	
		5		1				
8			7		5			

Difficulty: ★ ★ ★ ☆ ☆

137

	5	4		9	8		6	3
				2				
	9					1	4	
			3			6	9	5
9	1	7			6			
	8	6					7	
				4				
7	4		8	6		5	1	

Difficulty: ★★★☆☆

138

	6						9	
9				6				3
	8	3	1	2		7		6
6			2	4		8		
				7				
		8		3	1			7
3		4		1	7	6	2	
8				5				4
	7						3	

Difficulty: ★ ★ ★ ☆ ☆

139

				2				9
1			4			7		
7	3			9	6	2		
4							8	
	1		2	4	5		9	
	6							4
		1	8	6			5	3
		8			2			1
5				7				

Difficulty: ★ ★ ★ ☆ ☆

140

				9		1		7
9				2		8		
	3		5	1				2
			2	5		9	6	
6				8				4
	2	8		4	6			
7				3	2		1	
		2		6				9
8		4		7				

Difficulty: ★★★☆☆

141

					9	7		
		8			5	6		3
	6	2		1			8	9
9	5			3				
				9				
				2			3	5
6	3			5		8	1	
5		1	6			2		
		7	9					

Difficulty: ★ ★ ★ ☆ ☆

142

	4				1	6		
		7		4	8	1		
			7	6			4	2
	5			9				7
			1		2			
4				8			2	
1	3			5	7			
		9	8	1		5		
		6	4				1	

Difficulty: ★ ★ ★ ☆ ☆

143

	6		2	4				
9			7				5	
		8		5				9
		4		7			6	8
	9			6			1	
5	3			2		9		
4				8		1		
	7				2			5
				1	3		7	

Difficulty: ★★★☆☆

144

				8				
8	6			7		2	4	
4	7			9	2			
		5		4	6			2
		7	9		8	3		
9			2	5		4		
			1	2			3	4
	2	9		6			8	5
				3				

Difficulty: ★★★☆☆

145

4							2	
				3	4		7	
	3	1		2		8		6
5				7				4
8			1	6	5			2
1				9				7
6		9		8		7	5	
	1		6	4				
	8							1

Difficulty: ★ ★ ★ ☆ ☆

146

	1					6		5
7				8				
4				6			7	
1		2	9				4	
		3		4		5		
	6				3	8		2
	8			1				3
				2				4
3		7					6	

Difficulty: ★ ★ ★ ☆ ☆

147

		4		3	8		6	
				9		2		
7	8	2	6			1		
				2		3		6
4				1				9
1		3		7				
		7			3	9	8	1
		1		8				
	5		9	4		6		

Difficulty: ★★★☆☆

148

				7		2		
			8	5	6		1	
	5			9			3	
2				8			5	1
1			2	3	9			4
8	4			1				2
	1			6			7	
	7		9	4	3			
		3		2				

Difficulty: ★★★☆☆

149

				1	9		6	
							5	7
	5	6	7	3		1		
8			3				4	6
		5	8		6	9		
6	2				1			3
		4		7	3	6	1	
5	7							
	6		1	4				

Difficulty: ★ ★ ★ ☆ ☆

150

7		6		5	1			4
				9	4			
		5		6				3
		7					8	
8	4			7			1	9
	6					2		
6				1		3		
			4	8				
5			2	3		6		1

Difficulty: ★★★☆☆

151

		8	2	4		3		
	6			5	8			
			9	3		5		
	8	6		2				3
		7	8	6	4	2		
9				7		8	4	
		2		9	7			
			6	8			2	
		3		1	2	9		

Difficulty: ★ ★ ★ ☆ ☆

152

			1	5				
	2	4						5
		7		9		2	6	
	6	3	7	4				
1								4
				6	8	1	2	
	9	6		7		8		
3						7	9	
				1	5			

Difficulty: ★ ★ ★ ☆ ☆

153

				2	5			
	2	9		3	4		1	
	3					5		2
					3	1		5
2	8			7			3	4
3		6	8					
1		2					7	
	4		7	1		2	5	
			3	9				

Difficulty: ★★★☆☆

154

		1		9	8		4	
3				4		7		6
			7	3			1	
2	1				7		5	
	9		8	1	4		6	
	4		5				8	1
	7			8	1			
8		2		5				4
	5		4	7		8		

Difficulty: ★ ★ ★ ☆ ☆

155

	2	8			3		6	
6			2	5		7		
5								1
		2	8					6
		4		1		9		
9					5	4		
2								7
		7		2	8			3
	9		1			6	2	

Difficulty: ★★★☆☆

156

		5		7				6
	1			5	6			3
				2	1	9	5	
	8	7			2	5		
1				3				8
		6	5			1	7	
	4	3	1	6				
8			2	9			6	
5				8		7		

Difficulty: ★★★☆☆

157

	2			8			7	1
			6	4		3		
5					7	9		
	9			7		5	8	
8				9				3
	7	2		3			9	
		5	7					9
		3		2	4			
7	6			5			3	

Difficulty: ★ ★ ★ ☆ ☆

158

					7		2	
2				9	6		8	1
	6	8	1	4				
8			7					
1				6				2
					9			5
				5	3	2	6	
7	5		9	2				8
	4		6					

Difficulty: ★★★☆☆

159

8		1		3	2			9
				1	9			
		3		6		5	4	
		6	1	2				
9				7				2
				5	8	3		
	2	9		4		6		
			7	8				
6			2	9		1		3

Difficulty: ★★★☆☆

160

	8			9	5	1		
	1		8		4		6	
9				1				5
3			5	2		6		
	5			4			2	
		6		3	8			1
6				5				8
	9		4		2		1	
		2	1	6			9	

Difficulty: ★★★☆☆

161

	7			3	4			6
4	2						8	
				1	5	9		7
		7						
	5		1	4	8		3	
						8		
9		2	6	5				
	1						6	3
8			4	7			9	

Difficulty: ★ ★ ★ ★ ☆

162

2				9	3	6		
3					6	7		8
			7	5			3	
				7		4	8	
	5	8		4				
	8			2	1			
7		2	3					9
		3	4	8				2

Difficulty: ★★★☆

163

6	9		8	3	7			
				6			9	5
	2			5				3
	7		9			2		
	1		7	8	2		4	
		2			3		6	
7				2			8	
2	6			7				
			6	9	8		3	2

Difficulty: ★★★★☆

164

		1		5	2			
	2			9			4	
			4	3		2		5
		3						7
4		7	5		1	8		6
1						5		
9		5		6	4			
	1			8			5	
			7	1		9		

Difficulty: ★★★★☆

165

	5	1	3		6			
		2		9			1	
	3	9		1				
	8			4				9
	7		9	2	5		8	
9				6			3	
				5		3	7	
	1			3		6		
			6		2	1	5	

Difficulty: ★★★★☆

166

	9			6			2	
	2		7	3		5		1
7					2			
9						4		3
	1			4			7	
5		7						9
			2					4
4		5		9	3		1	
	7			8			9	

Difficulty: ★ ★ ★ ☆

167

9	7			8				
	2			1		9		
				5			2	6
	9	4	6					
				2				
					8	3	5	
8	4			9				
		2		3			9	
				6			1	7

Difficulty: ★ ★ ★ ☆

168

		5			7		9	
	9		8	1			7	
				5				1
7				9	8		2	5
8				6				7
5	2		3	7				9
4				8				
	8			3	5		6	
	1		6			7		

Difficulty: ★ ★ ★ ☆

169

			7	3	8			
5	3		2	4				
		4		1				7
		8		7			4	
1	2			8			9	3
	7			9		8		
6				5		2		
				6	1		5	8
			8	2	4			

Difficulty: ★ ★ ★ ★ ☆

170

		6		4	8			
	7				5	1		
5	8			7			3	
3					2			
1		5		9		7		3
			7					5
	3			8			5	6
		9	1				4	
			2	6		9		

Difficulty: ★ ★ ★ ☆

171

		1	8	9	5			6
					1	4	2	
					5			
	7	2		8				
1				4				5
				5		7	3	
		6						
	4	8	7					
2			5	3	9	8		

Difficulty: ★ ★ ★ ☆

172

	9			6	5			
3					7			
				4		5	1	
		4				9	8	
		3		2		1		
	5	6				7		
	8	1		7				
			6					8
			4	8			3	

Difficulty: ★★★☆

173

4			8					
			5	7	9			8
			4	3	1		9	
	6	9				3		1
	5			1			8	
1		4				9	5	
	2		3	9	6			
6			2	4	7			
				8				6

Difficulty: ★ ★ ★ ☆

174

		4		2				
	6			9	1		4	
		3	8			2		6
3					9		8	
1								7
	9		2					3
6		5			2	7		
	8		3	6			1	
				8		6		

Difficulty: ★ ★ ★ ☆

175

		2					8	3
		7		4				
			3	9	8			
		4		5		9		1
1	7			3			5	2
9		5		7		8		
			4	8	6			
				1		7		
8	5					1		

Difficulty: ★ ★ ★ ★ ☆

176

9					2			5
		4		8				1
		5		6				8
		3	5	2		4		
				9				
		9		1	7	8		
1				3		7		
3				5		1		
8			6					9

Difficulty: ★ ★ ★ ☆

177

				2			9	
7				3	8	1		4
8				1				
		5					4	3
6	2			9			5	8
3	9					2		
				8				5
9		1	5	4				2
	7			6				

Difficulty: ★★★★☆

178

				7			1	
				1	5	8		2
	1	5		4				6
8			1	5				9
	5	4				1	8	
1				9	3			7
4				2		3	9	
2		1	5	3				
	3			8				

Difficulty: ★ ★ ★ ☆

179

9		7		5	1		3	
		5		8		4		
	4		3	2				
		8				3	7	
	6	3				5		
				7	5		4	
		1		4		6		
	3		2	6		1		9

Difficulty: ★ ★ ★ ☆

180

					6	5		
	7			5			9	
8			4	3			6	
		3		8				9
			5	4	7			
7				6		8		
	9			1	8			5
	2			9			3	
		1	7					

Difficulty: ★★★☆

181

1			5	6	4			
		2		7				
5	3			2		7		1
	1			8		3		2
7		3		5			4	
2		5		3			1	4
				9		8		
			6	1	2			3

Difficulty: ✮✮✮✮

182

							1	
4					1	3		6
3				6	9		4	
8				2		5		
	6			7			9	
		5		1				2
	1		2	3				9
7		9	1					4
	3							

Difficulty: ★ ★ ★ ★ ★

183

				5	8			
				3	6	9	1	7
			1			4		
		9		4		5	7	
8				9				4
	3	4		8		6		
		7			3			
6	1	5	8	2				
			7	1				

Difficulty: ★ ★ ★ ★ ★

184

	5			9	1			
		6	8	3			2	
		2			5	8		1
					7	1		6
				4				
4		8	1					
2		9	4			5		
	8			5	2	4		
			7	6			8	

Difficulty: ★★★★★

185

	7			5		4		9
				9		8	6	
			6	1		7		
	4				9			6
9				4				1
1			3				8	
		4		6	8			
	9	6		7				
2		1		3			9	

Difficulty: ☆ ☆ ☆ ☆ ☆

186

				2	8	1		
				5			2	
9		4	7					6
3	1							7
				4				
8							1	5
5					1	8		9
	7			6				
		9	2	8				

Difficulty: ★ ★ ★ ★ ★

187

	7	4		2			8	
		6				4		1
				3				7
		1	7	6	4			
7				8				3
			3	1	9	6		
1				9				
9		3				8		
	5			4		9	3	

Difficulty: ★ ★ ★ ★ ★

188

7			6	4	9		2	
					3		9	
4				5				
6	1							9
	8	7		1		3	6	
3							7	4
				6				3
	6		8					
	7		3	9	4			8

Difficulty: ★ ★ ★ ★ ★

189

3				7	1			
				4	6		8	3
4			8			1		
					3	9		
	9			1			4	
		1	6					
		7			9			2
9	6		3	8				
			2	5				6

Difficulty: ★ ★ ★ ★ ★

190

7				5	3		9	
		5						
			8	9	6	7	1	
4		8		7				
			3		1			
				6		3		7
	6	9	4	3	8			
						4		
	1		9	2				8

Difficulty: ★ ★ ★ ★ ★

191

	4			7			3	
			5		3	6	4	
				2		5		7
		8						2
	3		9		2		5	
5						3		
8		4		1				
	1	7	2		9			
	5			6			1	

Difficulty: ★ ★ ★ ★ ★

192

		2	5		7	8		
				4	1		2	
	1							5
	5	3			9			2
	9						8	
4			6			9	7	
2							3	
	4		7	6				
		5	2		3	4		

Difficulty: ★ ★ ★ ★ ★

193

6	8			2	1			
		2			7		6	
				4	6			3
			2	3				1
	7						2	
1				6	9			
9			6	1				
	6		9			5		
			4	5			9	8

Difficulty: ★ ★ ★ ★ ★

194

	7			1	4			
8			3				9	
3						1	7	
				7		5		
6		4	1	9	2	3		7
		1		6				
	6	5						4
	8				5			6
			9	4			5	

Difficulty: ★★★★★

195

				6	2		9	8
		8			5		6	1
			3					
		2	6			5		
4				9				6
		9			8	2		
					6			
8	2		4			9		
7	4		5	2				

Difficulty: ★ ★ ★ ★ ★

196

	3		9	8	5	7		4
				1				
9				2	3			
2			4			1		
		7		3		6		
		1			7			8
			5	7				3
				9				
3		6	1	4	2		8	

Difficulty: ★ ★ ★ ★ ★

197

			9	4		3		
	2			8				
	9	5	2					
5				6		9	3	
	1	9		3		6	4	
	4	3		2				5
					3	1	9	
				5			6	
		1		9	4			

Difficulty: ★ ★ ★ ★ ★

198

		7	6		2			
9		5		3			2	
						3		4
			5	4	3	6		1
				2				
1		3	9	6	7			
4		2						
	9			7		4		5
			3		4	9		

Difficulty: ★ ★ ★ ★ ★

199

		1			3	5		4
				7	1		8	
	8		4	9				
				4		1		
	5		3	1	8		6	
		7		6				
				2	6		3	
	3		9	5				
5		2	1			9		

Difficulty: ★★★★★

200

1		6		8				
		9					4	
4				7	9			3
				3		8	5	
			7	2	8			
	7	3		1				
3			8	6				2
	4					3		
				4		9		5

Difficulty: ★ ★ ★ ★

Solutions

1

4	9	2	6	1	8	5	7	3
6	8	5	9	7	3	4	1	2
1	3	7	2	4	5	9	8	6
5	1	6	3	2	4	8	9	7
3	7	8	1	6	9	2	5	4
2	4	9	8	5	7	3	6	1
9	5	1	4	3	6	7	2	8
7	2	3	5	8	1	6	4	9
8	6	4	7	9	2	1	3	5

2

4	3	1	9	6	8	5	7	2
2	8	5	7	3	4	1	9	6
7	6	9	5	2	1	8	4	3
6	9	3	2	5	7	4	8	1
5	1	4	6	8	3	7	2	9
8	7	2	4	1	9	3	6	5
3	4	8	1	9	2	6	5	7
1	2	6	8	7	5	9	3	4
9	5	7	3	4	6	2	1	8

3

2	6	7	1	3	5	9	8	4
1	3	5	9	8	4	6	2	7
9	4	8	6	2	7	1	5	3
7	1	9	3	5	8	4	6	2
8	5	6	2	4	9	3	7	1
3	2	4	7	6	1	8	9	5
4	8	3	5	7	6	2	1	9
6	7	1	4	9	2	5	3	8
5	9	2	8	1	3	7	4	6

4

5	8	9	6	1	2	7	3	4
2	1	7	8	3	4	9	5	6
3	4	6	7	9	5	8	2	1
8	2	3	1	5	9	4	6	7
1	6	4	2	7	8	5	9	3
7	9	5	3	4	6	2	1	8
6	5	8	4	2	1	3	7	9
9	7	1	5	8	3	6	4	2
4	3	2	9	6	7	1	8	5

5

7	5	2	9	3	1	4	8	6
8	6	1	2	4	7	3	9	5
9	4	3	8	5	6	7	2	1
4	2	8	6	9	3	1	5	7
3	7	5	1	2	8	9	6	4
1	9	6	5	7	4	8	3	2
2	8	4	3	1	5	6	7	9
5	3	7	4	6	9	2	1	8
6	1	9	7	8	2	5	4	3

6

3	1	6	4	2	8	9	7	5
9	4	2	5	1	7	6	8	3
8	7	5	6	3	9	2	4	1
6	2	1	9	7	4	3	5	8
7	5	3	8	6	1	4	9	2
4	8	9	2	5	3	7	1	6
5	6	8	7	4	2	1	3	9
1	9	4	3	8	6	5	2	7
2	3	7	1	9	5	8	6	4

7

8	2	4	3	5	7	1	9	6
1	3	5	6	9	2	4	7	8
7	6	9	1	8	4	5	3	2
3	9	6	5	1	8	7	2	4
4	5	8	2	7	9	3	6	1
2	7	1	4	6	3	8	5	9
5	4	3	9	2	1	6	8	7
9	1	7	8	3	6	2	4	5
6	8	2	7	4	5	9	1	3

8

9	6	4	8	5	3	7	2	1
5	1	3	9	2	7	4	8	6
7	2	8	1	6	4	5	9	3
2	4	1	3	9	8	6	5	7
6	9	7	2	4	5	3	1	8
3	8	5	6	7	1	9	4	2
1	7	2	4	3	9	8	6	5
8	5	9	7	1	6	2	3	4
4	3	6	5	8	2	1	7	9

9

7	6	5	2	4	8	9	3	1
4	1	8	5	3	9	7	2	6
2	3	9	7	1	6	5	8	4
6	7	3	4	5	1	8	9	2
9	5	2	8	6	7	1	4	3
1	8	4	3	9	2	6	7	5
3	2	7	1	8	5	4	6	9
8	9	1	6	2	4	3	5	7
5	4	6	9	7	3	2	1	8

10

1	6	8	4	2	9	7	3	5
5	4	2	3	6	7	8	1	9
3	7	9	8	1	5	2	6	4
7	5	1	6	4	2	3	9	8
6	2	4	9	3	8	5	7	1
9	8	3	7	5	1	6	4	2
4	9	7	2	8	3	1	5	6
2	3	5	1	9	6	4	8	7
8	1	6	5	7	4	9	2	3

11

3	2	6	5	4	7	8	1	9
4	8	1	2	9	6	3	5	7
5	9	7	8	1	3	2	6	4
2	5	4	9	8	1	7	3	6
8	6	3	4	7	5	9	2	1
7	1	9	3	6	2	5	4	8
6	7	5	1	2	8	4	9	3
9	3	8	6	5	4	1	7	2
1	4	2	7	3	9	6	8	5

12

8	4	1	3	5	9	2	7	6
2	6	7	1	4	8	3	5	9
5	9	3	7	2	6	8	1	4
1	2	8	4	6	7	5	9	3
4	3	6	2	9	5	7	8	1
7	5	9	8	1	3	6	4	2
6	1	4	5	7	2	9	3	8
9	8	5	6	3	1	4	2	7
3	7	2	9	8	4	1	6	5

13

9	6	2	8	3	4	5	1	7
1	3	4	2	7	5	8	9	6
5	8	7	9	6	1	3	4	2
7	5	3	6	4	2	9	8	1
2	1	9	3	5	8	7	6	4
6	4	8	1	9	7	2	5	3
8	2	6	7	1	9	4	3	5
4	7	1	5	8	3	6	2	9
3	9	5	4	2	6	1	7	8

14

9	2	5	6	7	1	4	8	3
7	1	3	8	9	4	6	2	5
6	8	4	2	5	3	1	9	7
3	4	6	1	2	5	8	7	9
1	9	7	3	6	8	2	5	4
2	5	8	9	4	7	3	6	1
8	7	9	4	3	2	5	1	6
5	3	1	7	8	6	9	4	2
4	6	2	5	1	9	7	3	8

15

5	9	2	3	1	6	8	7	4
7	4	3	2	5	8	9	1	6
1	8	6	9	7	4	2	3	5
8	7	4	1	6	5	3	9	2
9	2	5	4	3	7	1	6	8
6	3	1	8	2	9	5	4	7
4	1	9	7	8	2	6	5	3
2	5	7	6	9	3	4	8	1
3	6	8	5	4	1	7	2	9

16

9	4	1	2	7	5	8	6	3
6	2	5	4	3	8	9	7	1
7	8	3	6	9	1	4	2	5
3	9	8	7	1	6	5	4	2
1	6	4	9	5	2	7	3	8
5	7	2	8	4	3	6	1	9
4	5	9	1	2	7	3	8	6
8	1	7	3	6	9	2	5	4
2	3	6	5	8	4	1	9	7

17

2	1	7	8	3	5	6	9	4
3	8	6	7	9	4	5	2	1
9	4	5	6	2	1	3	7	8
7	5	8	9	4	6	1	3	2
6	2	9	5	1	3	8	4	7
1	3	4	2	8	7	9	5	6
5	7	2	1	6	9	4	8	3
4	9	1	3	7	8	2	6	5
8	6	3	4	5	2	7	1	9

18

7	6	1	4	9	5	3	2	8
5	4	8	2	3	1	7	6	9
2	3	9	6	7	8	4	1	5
9	1	5	3	8	6	2	4	7
4	2	6	5	1	7	8	9	3
3	8	7	9	4	2	6	5	1
1	7	4	8	2	9	5	3	6
8	5	2	1	6	3	9	7	4
6	9	3	7	5	4	1	8	2

19

3	7	4	2	5	6	1	9	8
5	9	1	8	4	7	3	2	6
8	6	2	9	1	3	4	5	7
4	2	5	1	3	8	6	7	9
6	3	8	7	2	9	5	4	1
9	1	7	5	6	4	2	8	3
7	5	3	6	9	2	8	1	4
2	8	6	4	7	1	9	3	5
1	4	9	3	8	5	7	6	2

20

2	6	3	9	8	7	4	5	1
7	1	9	6	5	4	3	8	2
8	4	5	2	3	1	7	6	9
9	7	6	8	4	2	5	1	3
5	2	8	3	1	9	6	7	4
1	3	4	5	7	6	2	9	8
4	9	7	1	2	5	8	3	6
3	5	1	4	6	8	9	2	7
6	8	2	7	9	3	1	4	5

21

6	9	1	8	3	7	4	5	2
7	2	8	6	5	4	3	9	1
3	5	4	2	9	1	7	8	6
8	4	3	7	2	6	9	1	5
5	1	6	3	8	9	2	4	7
2	7	9	1	4	5	8	6	3
4	3	5	9	6	2	1	7	8
9	8	7	5	1	3	6	2	4
1	6	2	4	7	8	5	3	9

22

8	7	3	5	4	1	6	2	9
9	1	4	7	6	2	3	8	5
5	2	6	8	3	9	1	4	7
1	5	8	4	7	6	2	9	3
6	3	7	2	9	5	4	1	8
4	9	2	3	1	8	7	5	6
2	4	5	6	8	7	9	3	1
7	8	9	1	2	3	5	6	4
3	6	1	9	5	4	8	7	2

23

6	7	2	8	5	9	4	3	1
8	5	1	2	4	3	6	7	9
3	4	9	7	6	1	2	8	5
7	3	6	1	8	2	5	9	4
2	9	8	4	3	5	7	1	6
5	1	4	9	7	6	3	2	8
4	2	7	5	1	8	9	6	3
1	6	5	3	9	7	8	4	2
9	8	3	6	2	4	1	5	7

24

6	2	8	7	5	1	4	3	9
1	3	9	4	8	2	7	5	6
7	4	5	6	3	9	8	1	2
5	1	4	2	7	3	9	6	8
2	8	3	1	9	6	5	4	7
9	7	6	5	4	8	3	2	1
3	5	1	8	2	7	6	9	4
4	6	7	9	1	5	2	8	3
8	9	2	3	6	4	1	7	5

25

9	7	2	8	6	4	3	5	1
1	3	6	2	5	7	9	8	4
8	5	4	1	9	3	7	2	6
3	6	1	5	2	8	4	7	9
7	9	8	6	4	1	2	3	5
2	4	5	3	7	9	1	6	8
5	1	7	4	3	6	8	9	2
4	2	3	9	8	5	6	1	7
6	8	9	7	1	2	5	4	3

26

2	4	5	3	9	6	8	7	1
7	6	1	2	5	8	9	3	4
8	9	3	4	7	1	6	5	2
1	7	9	8	6	3	2	4	5
5	2	4	7	1	9	3	6	8
6	3	8	5	4	2	7	1	9
3	1	2	6	8	5	4	9	7
9	8	7	1	3	4	5	2	6
4	5	6	9	2	7	1	8	3

27

3	8	6	1	4	7	9	2	5
4	1	5	2	3	9	6	7	8
7	9	2	6	5	8	3	1	4
5	2	9	4	1	6	8	3	7
1	4	7	8	2	3	5	9	6
6	3	8	7	9	5	1	4	2
8	7	3	9	6	2	4	5	1
2	5	4	3	8	1	7	6	9
9	6	1	5	7	4	2	8	3

28

7	9	3	2	5	4	1	6	8
1	4	5	6	8	3	2	9	7
6	8	2	7	1	9	5	3	4
9	3	7	5	2	8	6	4	1
5	6	8	3	4	1	9	7	2
2	1	4	9	7	6	3	8	5
4	7	9	1	3	2	8	5	6
8	2	6	4	9	5	7	1	3
3	5	1	8	6	7	4	2	9

29

1	2	8	5	6	7	9	3	4
7	3	4	9	1	2	8	6	5
9	6	5	3	4	8	1	7	2
4	9	6	2	7	5	3	8	1
8	1	3	6	9	4	2	5	7
2	5	7	1	8	3	4	9	6
5	7	2	8	3	1	6	4	9
3	4	9	7	2	6	5	1	8
6	8	1	4	5	9	7	2	3

30

1	5	7	3	9	6	2	8	4
2	4	9	8	5	7	6	3	1
6	3	8	1	2	4	7	5	9
7	9	2	6	1	8	3	4	5
3	6	5	7	4	9	1	2	8
4	8	1	2	3	5	9	6	7
9	1	6	4	8	2	5	7	3
5	7	4	9	6	3	8	1	2
8	2	3	5	7	1	4	9	6

31

2	5	8	7	1	9	6	4	3
3	9	6	2	5	4	1	7	8
1	7	4	3	8	6	9	2	5
8	1	5	4	9	2	7	3	6
9	4	7	8	6	3	5	1	2
6	2	3	1	7	5	4	8	9
5	3	2	6	4	7	8	9	1
4	6	1	9	2	8	3	5	7
7	8	9	5	3	1	2	6	4

32

9	3	7	5	6	2	8	4	1
6	5	2	1	8	4	9	7	3
1	8	4	7	3	9	5	2	6
8	1	3	4	7	6	2	9	5
2	9	6	3	5	8	4	1	7
7	4	5	2	9	1	6	3	8
4	6	8	9	1	7	3	5	2
5	2	1	6	4	3	7	8	9
3	7	9	8	2	5	1	6	4

33

7	6	9	3	1	4	2	5	8
4	2	5	6	9	8	1	3	7
3	8	1	7	2	5	6	4	9
1	7	8	9	3	2	5	6	4
5	3	2	4	6	7	8	9	1
6	9	4	8	5	1	7	2	3
2	4	6	1	8	3	9	7	5
9	1	3	5	7	6	4	8	2
8	5	7	2	4	9	3	1	6

34

7	3	2	1	4	6	8	9	5
5	6	9	8	2	7	3	1	4
1	8	4	3	5	9	6	2	7
9	4	8	6	7	2	5	3	1
3	1	6	4	8	5	2	7	9
2	5	7	9	1	3	4	6	8
6	7	5	2	9	4	1	8	3
8	9	3	5	6	1	7	4	2
4	2	1	7	3	8	9	5	6

35

5	9	3	8	4	1	6	2	7
6	8	7	2	3	9	1	4	5
2	1	4	7	6	5	8	3	9
4	2	5	3	1	8	9	7	6
3	6	1	5	9	7	4	8	2
8	7	9	4	2	6	3	5	1
9	3	2	6	7	4	5	1	8
7	5	6	1	8	3	2	9	4
1	4	8	9	5	2	7	6	3

36

9	8	6	3	2	7	4	5	1
5	3	4	9	1	8	6	7	2
1	2	7	6	4	5	8	9	3
7	4	2	1	3	9	5	8	6
3	9	5	7	8	6	1	2	4
6	1	8	2	5	4	9	3	7
8	7	9	4	6	2	3	1	5
4	5	1	8	7	3	2	6	9
2	6	3	5	9	1	7	4	8

37

1	2	4	9	8	6	5	7	3
3	5	6	7	2	4	8	1	9
8	9	7	1	5	3	6	4	2
4	7	3	2	6	9	1	8	5
6	8	2	3	1	5	7	9	4
9	1	5	4	7	8	3	2	6
5	3	9	8	4	1	2	6	7
2	4	8	6	3	7	9	5	1
7	6	1	5	9	2	4	3	8

38

6	1	2	4	5	7	3	8	9
4	5	9	8	2	3	6	1	7
3	7	8	6	1	9	2	4	5
9	2	4	3	7	5	8	6	1
8	3	5	1	4	6	7	9	2
1	6	7	9	8	2	5	3	4
5	4	3	2	9	8	1	7	6
7	9	6	5	3	1	4	2	8
2	8	1	7	6	4	9	5	3

39

6	7	2	5	8	1	3	4	9
9	8	3	2	4	6	5	1	7
5	1	4	9	3	7	6	8	2
4	5	6	1	9	3	7	2	8
7	3	8	6	2	4	1	9	5
2	9	1	7	5	8	4	6	3
3	2	7	4	6	9	8	5	1
1	4	9	8	7	5	2	3	6
8	6	5	3	1	2	9	7	4

40

3	6	2	4	7	8	9	1	5
9	1	4	3	5	2	7	8	6
8	7	5	6	9	1	3	4	2
5	3	6	1	2	7	4	9	8
7	9	1	8	6	4	5	2	3
2	4	8	9	3	5	6	7	1
6	5	7	2	8	9	1	3	4
4	2	3	7	1	6	8	5	9
1	8	9	5	4	3	2	6	7

41

5	2	4	3	9	7	6	1	8
6	3	9	8	5	1	7	4	2
1	7	8	4	2	6	5	9	3
8	5	6	7	1	2	9	3	4
2	9	1	5	4	3	8	7	6
7	4	3	9	6	8	1	2	5
4	1	5	2	8	9	3	6	7
9	8	7	6	3	4	2	5	1
3	6	2	1	7	5	4	8	9

42

2	7	6	4	9	1	5	3	8
5	4	9	2	8	3	1	7	6
1	8	3	7	5	6	4	2	9
7	1	5	8	2	9	3	6	4
3	2	8	5	6	4	9	1	7
9	6	4	3	1	7	8	5	2
4	3	2	1	7	8	6	9	5
6	5	1	9	4	2	7	8	3
8	9	7	6	3	5	2	4	1

43

6	2	1	7	8	4	3	5	9
9	8	4	5	2	3	1	7	6
5	3	7	1	6	9	4	8	2
1	4	5	8	3	2	9	6	7
8	7	6	4	9	1	5	2	3
2	9	3	6	5	7	8	4	1
4	6	9	3	7	8	2	1	5
3	5	8	2	1	6	7	9	4
7	1	2	9	4	5	6	3	8

44

5	1	8	9	7	3	4	2	6
9	7	2	6	8	4	5	1	3
6	4	3	5	1	2	9	8	7
4	8	1	2	5	7	6	3	9
3	6	7	8	4	9	1	5	2
2	9	5	1	3	6	8	7	4
7	5	4	3	9	8	2	6	1
8	2	9	7	6	1	3	4	5
1	3	6	4	2	5	7	9	8

45

6	4	1	3	8	9	7	5	2
9	8	2	7	6	5	1	4	3
7	3	5	2	4	1	8	9	6
3	5	4	1	9	6	2	8	7
8	6	9	5	7	2	4	3	1
2	1	7	8	3	4	9	6	5
5	9	8	6	2	7	3	1	4
1	7	3	4	5	8	6	2	9
4	2	6	9	1	3	5	7	8

46

8	3	1	7	5	4	6	2	9
9	7	2	3	8	6	4	1	5
5	4	6	2	1	9	8	7	3
7	9	5	4	6	3	2	8	1
3	2	8	9	7	1	5	6	4
6	1	4	8	2	5	3	9	7
2	5	7	1	3	8	9	4	6
1	6	9	5	4	2	7	3	8
4	8	3	6	9	7	1	5	2

47

8	7	5	2	3	9	1	6	4
4	3	6	7	8	1	5	2	9
1	2	9	5	6	4	3	8	7
3	8	1	6	2	7	9	4	5
7	5	4	9	1	8	6	3	2
9	6	2	3	4	5	8	7	1
6	1	8	4	9	2	7	5	3
2	9	7	8	5	3	4	1	6
5	4	3	1	7	6	2	9	8

48

8	3	9	6	2	7	5	1	4
7	5	6	1	8	4	3	2	9
2	4	1	9	5	3	7	8	6
1	6	4	2	9	5	8	7	3
3	7	2	8	4	6	1	9	5
5	9	8	3	7	1	4	6	2
6	1	5	7	3	9	2	4	8
9	2	3	4	1	8	6	5	7
4	8	7	5	6	2	9	3	1

49

9	3	2	7	1	6	4	8	5
7	5	1	4	9	8	3	6	2
6	8	4	5	3	2	9	1	7
8	2	6	3	5	1	7	9	4
1	4	5	8	7	9	2	3	6
3	9	7	6	2	4	1	5	8
5	1	9	2	6	7	8	4	3
4	7	3	9	8	5	6	2	1
2	6	8	1	4	3	5	7	9

50

4	8	2	3	5	9	6	7	1
5	9	3	6	7	1	4	2	8
7	1	6	8	2	4	3	9	5
3	6	7	1	4	8	9	5	2
8	5	1	2	9	6	7	3	4
9	2	4	5	3	7	1	8	6
6	3	8	7	1	5	2	4	9
2	4	5	9	6	3	8	1	7
1	7	9	4	8	2	5	6	3

51

1	8	5	7	4	6	2	9	3
9	4	7	8	3	2	5	1	6
3	2	6	9	5	1	7	8	4
7	9	2	3	1	8	4	6	5
6	3	1	5	7	4	8	2	9
4	5	8	2	6	9	1	3	7
8	1	4	6	9	7	3	5	2
5	7	9	1	2	3	6	4	8
2	6	3	4	8	5	9	7	1

52

5	3	2	1	6	4	9	7	8
4	9	8	5	2	7	3	1	6
1	6	7	8	3	9	2	5	4
3	1	5	7	8	6	4	2	9
6	2	9	3	4	1	7	8	5
7	8	4	2	9	5	6	3	1
2	5	6	9	1	3	8	4	7
9	7	3	4	5	8	1	6	2
8	4	1	6	7	2	5	9	3

53

2	5	6	7	3	8	9	1	4
1	9	8	5	2	4	3	7	6
4	7	3	1	6	9	5	2	8
3	6	9	2	4	1	7	8	5
8	4	1	3	5	7	6	9	2
7	2	5	8	9	6	1	4	3
6	3	4	9	1	2	8	5	7
5	1	7	4	8	3	2	6	9
9	8	2	6	7	5	4	3	1

54

2	8	4	6	9	5	7	1	3
9	3	7	2	1	4	5	8	6
5	6	1	8	3	7	9	4	2
1	9	5	7	4	6	3	2	8
6	7	3	9	2	8	1	5	4
4	2	8	1	5	3	6	7	9
3	4	6	5	8	1	2	9	7
8	5	9	3	7	2	4	6	1
7	1	2	4	6	9	8	3	5

55

4	1	3	7	8	5	9	2	6
9	6	7	2	3	1	4	5	8
5	2	8	6	9	4	3	7	1
1	5	9	8	6	7	2	4	3
3	4	2	1	5	9	6	8	7
7	8	6	4	2	3	1	9	5
6	7	4	5	1	2	8	3	9
8	3	5	9	4	6	7	1	2
2	9	1	3	7	8	5	6	4

56

5	9	1	3	8	6	7	4	2
3	7	8	2	5	4	9	1	6
6	4	2	7	1	9	3	5	8
4	3	9	5	2	7	6	8	1
1	6	7	4	9	8	2	3	5
8	2	5	1	6	3	4	7	9
9	8	4	6	3	1	5	2	7
7	5	6	8	4	2	1	9	3
2	1	3	9	7	5	8	6	4

57

2	4	1	5	3	6	7	9	8
8	5	7	1	2	9	4	3	6
6	3	9	4	8	7	2	1	5
7	8	4	3	5	1	9	6	2
9	2	3	8	6	4	1	5	7
1	6	5	9	7	2	8	4	3
5	9	6	7	1	8	3	2	4
4	7	2	6	9	3	5	8	1
3	1	8	2	4	5	6	7	9

58

4	2	7	1	6	3	5	9	8
6	8	5	9	7	4	3	2	1
1	9	3	8	5	2	6	4	7
9	6	8	4	2	5	1	7	3
3	1	2	7	9	8	4	5	6
5	7	4	6	3	1	9	8	2
2	3	1	5	4	7	8	6	9
8	5	9	2	1	6	7	3	4
7	4	6	3	8	9	2	1	5

59

5	4	2	1	7	6	3	8	9
1	9	7	2	3	8	6	5	4
6	3	8	9	5	4	1	7	2
3	1	5	4	2	9	8	6	7
7	2	9	8	6	3	4	1	5
4	8	6	5	1	7	2	9	3
8	6	3	7	4	5	9	2	1
9	7	1	3	8	2	5	4	6
2	5	4	6	9	1	7	3	8

60

7	2	3	5	6	4	9	8	1
1	5	4	3	9	8	7	6	2
6	8	9	2	7	1	3	4	5
5	3	1	6	8	7	4	2	9
4	7	6	1	2	9	5	3	8
8	9	2	4	3	5	6	1	7
9	6	8	7	4	2	1	5	3
2	4	5	9	1	3	8	7	6
3	1	7	8	5	6	2	9	4

61

3	6	9	1	4	5	8	2	7
4	5	1	2	8	7	6	9	3
7	2	8	6	3	9	5	4	1
8	3	5	7	2	4	1	6	9
6	1	4	8	9	3	7	5	2
9	7	2	5	1	6	3	8	4
1	9	3	4	6	8	2	7	5
5	4	6	3	7	2	9	1	8
2	8	7	9	5	1	4	3	6

62

1	4	5	6	9	3	8	7	2
6	3	9	7	8	2	5	4	1
2	7	8	1	4	5	9	3	6
7	1	6	3	5	4	2	9	8
4	9	2	8	1	7	6	5	3
8	5	3	2	6	9	7	1	4
3	6	7	9	2	1	4	8	5
9	8	4	5	3	6	1	2	7
5	2	1	4	7	8	3	6	9

63

1	4	7	3	8	5	9	2	6
2	9	6	4	1	7	8	5	3
3	5	8	2	6	9	4	7	1
4	7	2	6	5	3	1	8	9
9	1	5	7	4	8	6	3	2
8	6	3	9	2	1	7	4	5
7	2	4	5	9	6	3	1	8
6	3	1	8	7	2	5	9	4
5	8	9	1	3	4	2	6	7

64

9	3	1	5	4	7	2	6	8
7	6	8	2	9	3	5	4	1
2	5	4	6	8	1	9	7	3
6	4	7	3	2	8	1	5	9
5	8	9	4	1	6	3	2	7
1	2	3	9	7	5	4	8	6
3	1	2	7	6	4	8	9	5
8	9	6	1	5	2	7	3	4
4	7	5	8	3	9	6	1	2

65

4	6	8	9	3	2	7	5	1
5	3	1	7	8	4	6	2	9
2	9	7	5	6	1	8	4	3
9	8	4	6	7	3	5	1	2
3	7	2	1	5	9	4	6	8
1	5	6	2	4	8	3	9	7
7	1	5	3	9	6	2	8	4
8	2	3	4	1	5	9	7	6
6	4	9	8	2	7	1	3	5

66

3	8	4	7	1	2	6	9	5
1	7	6	9	5	8	4	2	3
2	5	9	4	3	6	7	8	1
5	6	8	1	4	3	9	7	2
4	9	1	6	2	7	3	5	8
7	3	2	8	9	5	1	6	4
9	2	3	5	7	1	8	4	6
6	1	7	2	8	4	5	3	9
8	4	5	3	6	9	2	1	7

67

3	2	7	6	8	1	4	5	9
9	4	1	5	7	2	3	6	8
5	6	8	3	4	9	2	7	1
1	7	4	9	2	5	8	3	6
8	9	2	4	3	6	5	1	7
6	5	3	7	1	8	9	4	2
4	1	6	8	9	3	7	2	5
2	3	9	1	5	7	6	8	4
7	8	5	2	6	4	1	9	3

68

7	3	5	1	2	4	6	8	9
1	8	4	3	6	9	7	5	2
2	6	9	7	8	5	1	4	3
8	7	6	9	4	1	3	2	5
3	4	2	6	5	8	9	1	7
5	9	1	2	7	3	4	6	8
9	2	7	5	1	6	8	3	4
4	1	3	8	9	2	5	7	6
6	5	8	4	3	7	2	9	1

69

6	3	9	8	1	7	2	4	5
5	7	8	9	2	4	1	3	6
1	2	4	3	6	5	9	8	7
7	6	2	4	5	9	8	1	3
8	1	5	7	3	2	4	6	9
9	4	3	1	8	6	5	7	2
4	8	6	2	9	3	7	5	1
2	5	1	6	7	8	3	9	4
3	9	7	5	4	1	6	2	8

70

8	4	7	1	9	5	2	3	6
9	5	6	8	3	2	4	7	1
1	2	3	7	6	4	9	8	5
4	8	1	3	2	6	5	9	7
6	7	9	5	1	8	3	4	2
2	3	5	4	7	9	6	1	8
3	6	4	2	8	1	7	5	9
5	1	2	9	4	7	8	6	3
7	9	8	6	5	3	1	2	4

71

2	5	4	9	6	1	8	7	3
1	6	3	8	7	2	4	9	5
8	7	9	5	3	4	1	6	2
4	3	1	6	5	7	9	2	8
9	2	7	4	8	3	5	1	6
6	8	5	1	2	9	3	4	7
5	9	6	2	4	8	7	3	1
7	4	2	3	1	5	6	8	9
3	1	8	7	9	6	2	5	4

72

6	5	9	3	4	1	7	2	8
3	4	7	2	8	9	6	1	5
1	8	2	7	5	6	3	4	9
8	6	1	9	7	4	5	3	2
2	9	4	8	3	5	1	6	7
7	3	5	6	1	2	8	9	4
5	2	6	1	9	7	4	8	3
4	1	3	5	2	8	9	7	6
9	7	8	4	6	3	2	5	1

73

5	9	8	1	3	6	2	7	4
1	6	2	7	8	4	3	9	5
7	4	3	9	5	2	1	8	6
2	3	5	4	9	1	8	6	7
9	7	4	2	6	8	5	3	1
6	8	1	3	7	5	4	2	9
3	1	9	5	2	7	6	4	8
4	2	6	8	1	9	7	5	3
8	5	7	6	4	3	9	1	2

74

8	7	9	1	6	2	5	3	4
3	2	5	7	9	4	8	1	6
4	6	1	3	5	8	7	9	2
1	3	7	5	4	6	9	2	8
5	9	8	2	7	1	4	6	3
2	4	6	9	8	3	1	7	5
9	8	4	6	2	7	3	5	1
6	5	3	4	1	9	2	8	7
7	1	2	8	3	5	6	4	9

75

6	5	9	7	3	8	1	2	4
1	4	2	6	9	5	7	3	8
8	3	7	1	4	2	5	6	9
9	7	5	4	6	3	2	8	1
4	1	6	8	2	9	3	7	5
2	8	3	5	7	1	9	4	6
7	6	1	3	5	4	8	9	2
3	9	8	2	1	6	4	5	7
5	2	4	9	8	7	6	1	3

76

9	6	8	2	5	7	1	3	4
5	4	3	1	8	9	2	6	7
7	2	1	6	4	3	9	5	8
4	1	9	3	7	5	6	8	2
6	8	2	9	1	4	5	7	3
3	5	7	8	6	2	4	1	9
8	7	6	4	2	1	3	9	5
1	9	4	5	3	8	7	2	6
2	3	5	7	9	6	8	4	1

77

2	6	8	4	5	9	3	1	7
1	3	9	2	6	7	8	5	4
5	4	7	3	8	1	6	9	2
6	1	4	7	3	2	5	8	9
9	5	3	6	4	8	7	2	1
7	8	2	9	1	5	4	6	3
4	7	5	1	2	6	9	3	8
8	9	1	5	7	3	2	4	6
3	2	6	8	9	4	1	7	5

78

3	5	4	2	7	8	1	9	6
1	2	8	4	9	6	5	3	7
6	7	9	3	1	5	4	2	8
2	1	7	6	5	3	9	8	4
8	3	6	7	4	9	2	1	5
9	4	5	8	2	1	7	6	3
5	6	1	9	8	4	3	7	2
4	8	2	1	3	7	6	5	9
7	9	3	5	6	2	8	4	1

79

5	9	6	3	8	2	4	7	1
2	8	1	6	4	7	9	3	5
3	7	4	5	9	1	6	2	8
4	1	9	8	2	5	7	6	3
7	3	8	1	6	9	5	4	2
6	2	5	7	3	4	8	1	9
8	4	7	2	5	3	1	9	6
9	5	3	4	1	6	2	8	7
1	6	2	9	7	8	3	5	4

80

9	8	5	6	7	4	3	2	1
1	2	6	8	3	5	4	7	9
7	3	4	9	2	1	5	6	8
4	1	8	5	6	9	2	3	7
5	7	3	2	4	8	9	1	6
6	9	2	3	1	7	8	5	4
3	4	7	1	9	2	6	8	5
8	6	1	4	5	3	7	9	2
2	5	9	7	8	6	1	4	3

81

8	2	4	7	9	3	5	1	6
7	6	5	1	2	8	4	9	3
3	9	1	6	5	4	7	8	2
2	4	8	3	1	5	6	7	9
5	3	7	4	6	9	8	2	1
6	1	9	8	7	2	3	4	5
4	8	6	9	3	1	2	5	7
9	7	2	5	8	6	1	3	4
1	5	3	2	4	7	9	6	8

82

1	7	5	9	6	3	8	2	4
4	9	6	7	2	8	1	3	5
8	2	3	4	5	1	9	7	6
9	1	7	6	8	5	3	4	2
5	6	8	3	4	2	7	1	9
3	4	2	1	7	9	6	5	8
2	5	9	8	1	7	4	6	3
7	8	4	2	3	6	5	9	1
6	3	1	5	9	4	2	8	7

83

4	3	2	9	7	8	5	6	1
5	7	1	3	4	6	8	2	9
6	8	9	2	1	5	3	4	7
1	9	4	7	5	3	6	8	2
7	6	3	4	8	2	1	9	5
2	5	8	1	6	9	7	3	4
3	2	5	8	9	7	4	1	6
8	1	6	5	2	4	9	7	3
9	4	7	6	3	1	2	5	8

84

1	7	5	3	4	6	9	8	2
3	4	8	1	9	2	7	5	6
9	6	2	7	5	8	4	1	3
4	8	3	9	2	7	5	6	1
7	1	9	8	6	5	3	2	4
5	2	6	4	1	3	8	9	7
8	9	7	2	3	1	6	4	5
2	5	4	6	7	9	1	3	8
6	3	1	5	8	4	2	7	9

85

4	7	1	6	5	9	3	8	2
5	2	9	1	8	3	7	4	6
8	3	6	7	4	2	5	1	9
9	6	7	8	1	4	2	5	3
2	4	5	9	3	7	1	6	8
1	8	3	2	6	5	9	7	4
7	5	8	3	9	6	4	2	1
6	9	4	5	2	1	8	3	7
3	1	2	4	7	8	6	9	5

86

8	2	9	1	7	4	3	6	5
4	3	6	2	8	5	9	7	1
5	1	7	6	9	3	8	4	2
1	6	5	3	4	8	2	9	7
9	8	2	5	1	7	6	3	4
7	4	3	9	2	6	1	5	8
2	5	4	8	3	9	7	1	6
3	7	8	4	6	1	5	2	9
6	9	1	7	5	2	4	8	3

87

7	5	1	4	3	8	2	9	6
2	6	8	7	1	9	3	5	4
3	4	9	6	2	5	7	8	1
1	3	2	9	7	4	5	6	8
6	9	7	8	5	1	4	2	3
4	8	5	3	6	2	1	7	9
8	2	4	1	9	7	6	3	5
5	1	3	2	8	6	9	4	7
9	7	6	5	4	3	8	1	2

88

9	8	6	1	2	3	4	5	7
7	5	3	4	8	6	9	2	1
4	1	2	7	9	5	6	3	8
3	4	7	5	6	1	2	8	9
8	9	5	2	4	7	3	1	6
2	6	1	8	3	9	5	7	4
5	7	4	9	1	2	8	6	3
1	3	9	6	5	8	7	4	2
6	2	8	3	7	4	1	9	5

89

1	9	7	3	2	8	5	6	4
2	6	4	5	7	9	8	3	1
3	8	5	4	6	1	9	2	7
7	3	8	2	5	6	4	1	9
4	1	2	8	9	7	3	5	6
9	5	6	1	4	3	2	7	8
6	4	9	7	3	5	1	8	2
5	2	1	6	8	4	7	9	3
8	7	3	9	1	2	6	4	5

90

5	7	2	8	9	6	3	1	4
8	1	3	7	2	4	5	9	6
4	6	9	5	1	3	7	8	2
6	2	4	9	3	8	1	7	5
1	5	8	4	7	2	9	6	3
9	3	7	6	5	1	2	4	8
2	9	6	3	4	7	8	5	1
7	8	1	2	6	5	4	3	9
3	4	5	1	8	9	6	2	7

91

1	2	8	4	9	5	7	3	6
5	7	3	8	6	1	4	9	2
9	6	4	7	3	2	8	5	1
3	8	1	2	7	4	5	6	9
2	9	6	3	5	8	1	7	4
4	5	7	9	1	6	3	2	8
6	1	9	5	4	7	2	8	3
7	4	2	6	8	3	9	1	5
8	3	5	1	2	9	6	4	7

92

4	2	5	3	7	6	8	9	1
6	3	7	8	9	1	5	2	4
8	9	1	4	5	2	6	7	3
1	6	3	5	2	7	9	4	8
9	7	2	1	4	8	3	5	6
5	4	8	9	6	3	2	1	7
2	1	9	6	8	4	7	3	5
3	5	6	7	1	9	4	8	2
7	8	4	2	3	5	1	6	9

93

5	7	2	3	8	6	4	9	1
4	8	3	2	1	9	7	6	5
6	1	9	7	5	4	2	8	3
8	5	7	4	9	2	1	3	6
9	6	1	5	7	3	8	4	2
3	2	4	1	6	8	5	7	9
1	3	5	6	4	7	9	2	8
2	4	8	9	3	1	6	5	7
7	9	6	8	2	5	3	1	4

94

7	5	2	4	9	3	1	8	6
1	6	4	2	8	5	3	7	9
8	3	9	6	1	7	2	5	4
9	7	1	3	4	2	8	6	5
3	8	5	9	6	1	7	4	2
2	4	6	5	7	8	9	3	1
6	1	3	8	5	9	4	2	7
4	2	7	1	3	6	5	9	8
5	9	8	7	2	4	6	1	3

95

9	5	7	6	1	4	3	8	2
6	4	3	7	2	8	1	9	5
1	2	8	5	3	9	4	6	7
3	8	9	2	6	7	5	4	1
5	6	2	8	4	1	7	3	9
7	1	4	9	5	3	6	2	8
4	3	5	1	9	2	8	7	6
2	7	6	3	8	5	9	1	4
8	9	1	4	7	6	2	5	3

96

5	1	7	3	9	6	8	2	4
4	9	6	1	2	8	7	5	3
2	3	8	5	7	4	9	6	1
6	8	3	9	5	1	2	4	7
1	7	4	2	6	3	5	9	8
9	5	2	4	8	7	1	3	6
7	4	5	6	1	2	3	8	9
3	2	1	8	4	9	6	7	5
8	6	9	7	3	5	4	1	2

97

9	6	2	1	3	4	7	8	5
1	3	4	7	8	5	2	9	6
5	7	8	2	9	6	3	1	4
6	4	7	9	1	3	8	5	2
2	9	3	8	5	7	4	6	1
8	5	1	4	6	2	9	7	3
7	1	6	3	2	9	5	4	8
4	2	5	6	7	8	1	3	9
3	8	9	5	4	1	6	2	7

98

8	4	3	6	2	9	5	1	7
6	2	5	8	1	7	9	3	4
9	7	1	5	3	4	6	2	8
5	1	2	4	8	3	7	9	6
3	9	6	2	7	5	8	4	1
4	8	7	9	6	1	2	5	3
2	3	9	7	4	8	1	6	5
7	6	4	1	5	2	3	8	9
1	5	8	3	9	6	4	7	2

99

5	3	9	6	2	7	4	8	1
1	6	4	9	8	5	3	7	2
7	8	2	4	3	1	6	5	9
4	7	5	1	6	8	2	9	3
9	1	6	3	5	2	8	4	7
3	2	8	7	9	4	1	6	5
2	9	3	8	7	6	5	1	4
6	4	7	5	1	3	9	2	8
8	5	1	2	4	9	7	3	6

100

3	4	9	2	7	1	6	8	5
1	2	8	5	3	6	4	7	9
6	7	5	4	9	8	3	2	1
2	9	4	6	8	7	5	1	3
7	8	6	1	5	3	9	4	2
5	1	3	9	2	4	7	6	8
8	5	1	7	4	9	2	3	6
4	6	2	3	1	5	8	9	7
9	3	7	8	6	2	1	5	4

101

8	3	4	6	2	9	1	5	7
5	2	7	1	3	4	6	9	8
9	6	1	7	8	5	4	3	2
2	4	6	9	1	8	5	7	3
1	7	5	3	4	2	8	6	9
3	8	9	5	7	6	2	4	1
7	9	8	4	5	1	3	2	6
6	5	2	8	9	3	7	1	4
4	1	3	2	6	7	9	8	5

102

9	8	2	1	4	7	3	6	5
7	1	6	2	5	3	8	9	4
3	5	4	8	9	6	7	1	2
6	7	3	5	8	9	4	2	1
8	9	1	6	2	4	5	3	7
4	2	5	3	7	1	9	8	6
5	4	8	9	6	2	1	7	3
2	3	7	4	1	8	6	5	9
1	6	9	7	3	5	2	4	8

103

8	7	4	1	9	3	2	6	5
5	9	1	4	2	6	8	3	7
3	2	6	7	5	8	4	9	1
6	8	2	9	1	5	7	4	3
7	1	3	6	8	4	9	5	2
4	5	9	3	7	2	6	1	8
2	6	7	5	4	1	3	8	9
9	3	5	8	6	7	1	2	4
1	4	8	2	3	9	5	7	6

104

4	2	1	5	6	3	7	9	8
9	7	6	1	2	8	5	4	3
8	3	5	4	7	9	1	6	2
2	8	4	6	5	1	3	7	9
6	1	9	7	3	4	2	8	5
3	5	7	8	9	2	4	1	6
7	4	2	3	8	6	9	5	1
1	6	3	9	4	5	8	2	7
5	9	8	2	1	7	6	3	4

105

5	6	2	8	4	1	7	9	3
1	8	7	6	3	9	2	4	5
9	4	3	5	2	7	8	6	1
4	2	6	3	5	8	9	1	7
8	5	1	7	9	4	6	3	2
3	7	9	1	6	2	4	5	8
7	9	5	4	8	3	1	2	6
2	3	8	9	1	6	5	7	4
6	1	4	2	7	5	3	8	9

106

5	7	3	2	8	4	9	1	6
4	2	1	3	6	9	5	7	8
6	8	9	1	7	5	2	3	4
7	6	4	8	5	1	3	9	2
9	1	5	4	2	3	8	6	7
8	3	2	6	9	7	4	5	1
1	5	7	9	4	8	6	2	3
2	9	8	7	3	6	1	4	5
3	4	6	5	1	2	7	8	9

107

9	5	4	1	3	7	8	6	2
3	6	2	9	5	8	4	1	7
8	1	7	4	6	2	9	3	5
7	2	9	5	8	6	1	4	3
6	3	8	2	4	1	7	5	9
5	4	1	7	9	3	6	2	8
2	8	5	6	1	9	3	7	4
1	7	3	8	2	4	5	9	6
4	9	6	3	7	5	2	8	1

108

1	9	5	2	7	3	4	8	6
4	3	7	5	8	6	2	1	9
6	2	8	1	9	4	7	3	5
3	8	1	4	2	9	6	5	7
2	7	4	6	5	8	1	9	3
5	6	9	7	3	1	8	4	2
8	4	2	3	6	5	9	7	1
9	5	6	8	1	7	3	2	4
7	1	3	9	4	2	5	6	8

109

4	3	8	5	9	2	6	7	1
6	1	2	8	3	7	4	9	5
9	7	5	1	4	6	8	3	2
7	4	3	9	6	5	2	1	8
8	6	9	2	1	3	5	4	7
5	2	1	7	8	4	3	6	9
3	8	7	6	2	1	9	5	4
1	9	6	4	5	8	7	2	3
2	5	4	3	7	9	1	8	6

110

2	7	4	3	9	1	8	5	6
9	8	5	7	6	4	1	2	3
3	6	1	2	5	8	4	7	9
7	5	6	9	8	3	2	4	1
4	2	9	6	1	5	3	8	7
8	1	3	4	2	7	6	9	5
5	3	7	1	4	2	9	6	8
1	9	2	8	7	6	5	3	4
6	4	8	5	3	9	7	1	2

111

9	2	8	3	4	7	5	6	1
1	5	6	8	2	9	3	4	7
3	7	4	6	5	1	8	2	9
4	6	2	1	9	3	7	5	8
8	3	7	2	6	5	9	1	4
5	9	1	4	7	8	6	3	2
2	4	3	7	8	6	1	9	5
7	1	9	5	3	2	4	8	6
6	8	5	9	1	4	2	7	3

112

7	6	1	9	3	8	4	2	5
4	5	8	2	6	7	9	3	1
9	2	3	1	4	5	6	8	7
1	8	5	3	9	6	2	7	4
3	9	6	4	7	2	5	1	8
2	4	7	5	8	1	3	6	9
8	3	9	6	1	4	7	5	2
5	7	4	8	2	3	1	9	6
6	1	2	7	5	9	8	4	3

113

3	7	6	5	1	4	8	9	2
2	9	5	3	8	6	4	1	7
1	8	4	2	7	9	6	5	3
7	4	2	9	5	8	1	3	6
5	1	9	7	6	3	2	4	8
8	6	3	1	4	2	9	7	5
9	5	1	8	2	7	3	6	4
4	3	8	6	9	5	7	2	1
6	2	7	4	3	1	5	8	9

114

8	2	4	7	3	1	5	9	6
9	6	7	5	8	4	1	2	3
1	3	5	6	2	9	4	8	7
2	7	1	4	5	8	3	6	9
6	4	9	2	1	3	8	7	5
3	5	8	9	6	7	2	1	4
5	9	3	1	7	2	6	4	8
4	8	2	3	9	6	7	5	1
7	1	6	8	4	5	9	3	2

115

8	3	5	7	9	2	4	6	1
2	6	1	5	8	4	3	7	9
4	9	7	6	3	1	8	5	2
3	1	9	4	2	6	5	8	7
7	4	6	9	5	8	2	1	3
5	8	2	3	1	7	9	4	6
9	7	4	2	6	5	1	3	8
6	2	8	1	4	3	7	9	5
1	5	3	8	7	9	6	2	4

116

2	6	7	4	5	8	1	9	3
8	3	9	6	1	2	7	5	4
5	1	4	9	7	3	2	8	6
7	5	6	8	3	9	4	1	2
1	8	3	5	2	4	6	7	9
4	9	2	7	6	1	5	3	8
9	4	1	2	8	7	3	6	5
6	7	8	3	4	5	9	2	1
3	2	5	1	9	6	8	4	7

117

6	3	4	5	8	9	2	7	1
2	9	8	1	6	7	4	3	5
1	5	7	3	2	4	8	6	9
7	8	2	4	1	3	5	9	6
4	6	5	7	9	2	1	8	3
9	1	3	6	5	8	7	4	2
3	4	9	2	7	1	6	5	8
5	7	1	8	3	6	9	2	4
8	2	6	9	4	5	3	1	7

118

9	5	4	7	2	3	6	1	8
8	6	2	9	5	1	7	3	4
3	1	7	4	8	6	5	2	9
4	3	9	5	6	2	8	7	1
5	2	6	8	1	7	9	4	3
7	8	1	3	9	4	2	5	6
2	4	5	6	3	9	1	8	7
6	7	8	1	4	5	3	9	2
1	9	3	2	7	8	4	6	5

119

5	2	8	6	1	9	4	7	3
9	6	1	3	4	7	5	2	8
4	3	7	5	2	8	9	6	1
7	9	4	1	5	3	6	8	2
6	8	5	4	7	2	3	1	9
3	1	2	9	8	6	7	5	4
8	5	9	7	3	1	2	4	6
2	4	3	8	6	5	1	9	7
1	7	6	2	9	4	8	3	5

120

6	2	8	9	7	5	1	4	3
4	3	5	2	6	1	9	7	8
1	9	7	4	3	8	2	5	6
3	5	4	8	1	7	6	2	9
9	7	6	3	2	4	8	1	5
8	1	2	5	9	6	4	3	7
7	4	3	1	8	9	5	6	2
2	8	1	6	5	3	7	9	4
5	6	9	7	4	2	3	8	1

121

2	1	9	7	6	3	8	4	5
8	7	5	9	1	4	6	2	3
3	6	4	5	8	2	9	1	7
4	9	6	1	3	7	2	5	8
7	3	8	2	4	5	1	9	6
5	2	1	8	9	6	3	7	4
1	4	3	6	5	9	7	8	2
6	8	2	4	7	1	5	3	9
9	5	7	3	2	8	4	6	1

122

5	6	4	2	9	1	7	3	8
3	9	8	4	7	5	6	2	1
7	2	1	6	3	8	4	5	9
2	4	9	1	8	3	5	7	6
1	5	7	9	2	6	8	4	3
6	8	3	5	4	7	1	9	2
4	1	6	3	5	2	9	8	7
9	7	2	8	6	4	3	1	5
8	3	5	7	1	9	2	6	4

123

1	2	8	3	9	6	4	5	7
6	5	3	7	2	4	1	8	9
7	4	9	8	1	5	3	6	2
5	1	6	9	4	2	7	3	8
3	9	4	1	7	8	5	2	6
2	8	7	6	5	3	9	4	1
8	6	1	4	3	9	2	7	5
4	7	2	5	6	1	8	9	3
9	3	5	2	8	7	6	1	4

124

9	1	7	5	6	3	4	8	2
2	8	3	7	1	4	6	5	9
4	5	6	9	8	2	3	7	1
6	7	8	4	2	1	5	9	3
5	2	1	6	3	9	7	4	8
3	9	4	8	5	7	2	1	6
7	3	2	1	9	5	8	6	4
1	6	5	3	4	8	9	2	7
8	4	9	2	7	6	1	3	5

125

1	8	9	6	4	5	3	2	7
4	3	2	7	1	8	9	6	5
6	7	5	3	9	2	1	4	8
3	6	8	1	5	7	2	9	4
2	9	4	8	3	6	5	7	1
7	5	1	4	2	9	6	8	3
8	2	3	9	7	1	4	5	6
5	4	7	2	6	3	8	1	9
9	1	6	5	8	4	7	3	2

126

6	2	3	9	7	8	4	5	1
7	5	1	4	6	3	2	9	8
9	4	8	2	5	1	6	7	3
8	6	2	7	4	9	1	3	5
3	9	5	6	1	2	8	4	7
4	1	7	8	3	5	9	2	6
5	3	6	1	9	4	7	8	2
2	7	4	3	8	6	5	1	9
1	8	9	5	2	7	3	6	4

127

3	8	7	1	6	5	2	4	9
9	4	2	7	8	3	1	6	5
6	5	1	4	9	2	7	8	3
2	3	6	5	1	7	4	9	8
5	1	4	8	2	9	6	3	7
8	7	9	3	4	6	5	2	1
1	9	5	2	3	4	8	7	6
7	2	3	6	5	8	9	1	4
4	6	8	9	7	1	3	5	2

128

4	9	5	1	6	7	2	3	8
7	2	6	5	8	3	9	4	1
1	8	3	9	2	4	7	5	6
9	5	1	2	7	8	3	6	4
8	6	7	4	3	1	5	9	2
3	4	2	6	5	9	8	1	7
2	7	9	3	1	6	4	8	5
6	3	8	7	4	5	1	2	9
5	1	4	8	9	2	6	7	3

129

1	6	3	5	7	2	9	4	8
5	8	4	9	3	6	7	1	2
2	7	9	4	1	8	3	6	5
8	3	6	7	2	1	4	5	9
4	1	5	3	6	9	2	8	7
9	2	7	8	4	5	6	3	1
3	9	8	6	5	7	1	2	4
6	5	1	2	9	4	8	7	3
7	4	2	1	8	3	5	9	6

130

2	1	8	3	5	7	9	6	4
9	4	5	2	6	8	1	7	3
3	6	7	9	1	4	5	8	2
1	2	9	7	4	6	8	3	5
5	7	3	1	8	9	2	4	6
6	8	4	5	3	2	7	1	9
7	5	1	6	9	3	4	2	8
8	3	2	4	7	5	6	9	1
4	9	6	8	2	1	3	5	7

131

4	2	3	5	1	6	8	7	9
1	8	6	3	7	9	4	5	2
9	7	5	4	2	8	1	6	3
7	3	4	1	6	5	9	2	8
2	6	9	7	8	3	5	1	4
8	5	1	2	9	4	6	3	7
5	4	7	8	3	1	2	9	6
3	9	8	6	5	2	7	4	1
6	1	2	9	4	7	3	8	5

132

6	3	8	9	1	4	2	5	7
7	1	5	3	6	2	9	8	4
4	2	9	5	7	8	3	6	1
1	9	3	7	8	6	5	4	2
5	6	2	1	4	9	8	7	3
8	4	7	2	3	5	6	1	9
9	7	6	8	2	1	4	3	5
3	5	4	6	9	7	1	2	8
2	8	1	4	5	3	7	9	6

133

7	1	8	4	5	2	3	6	9
4	2	6	9	3	7	8	5	1
3	5	9	1	6	8	7	2	4
9	3	2	6	8	4	1	7	5
1	7	4	2	9	5	6	3	8
6	8	5	3	7	1	4	9	2
5	4	1	7	2	6	9	8	3
2	6	3	8	4	9	5	1	7
8	9	7	5	1	3	2	4	6

134

9	8	3	5	7	2	6	4	1
2	5	7	6	1	4	3	9	8
4	1	6	8	9	3	7	2	5
8	7	5	9	4	6	1	3	2
1	3	9	7	2	5	4	8	6
6	4	2	3	8	1	5	7	9
7	6	4	2	5	9	8	1	3
3	2	1	4	6	8	9	5	7
5	9	8	1	3	7	2	6	4

135

5	1	8	2	4	3	7	9	6
6	3	9	1	7	5	2	8	4
2	4	7	6	9	8	1	5	3
7	5	3	8	1	4	6	2	9
4	2	6	7	5	9	3	1	8
8	9	1	3	2	6	5	4	7
9	8	2	5	6	7	4	3	1
3	6	5	4	8	1	9	7	2
1	7	4	9	3	2	8	6	5

136

4	1	6	3	2	7	8	5	9
9	5	7	4	8	6	1	2	3
2	3	8	5	9	1	4	6	7
6	9	1	2	5	4	3	7	8
5	7	4	1	3	8	6	9	2
3	8	2	6	7	9	5	1	4
1	4	3	9	6	2	7	8	5
7	2	5	8	1	3	9	4	6
8	6	9	7	4	5	2	3	1

137

1	5	4	7	9	8	2	6	3
6	7	3	1	2	4	8	5	9
8	9	2	6	3	5	1	4	7
4	2	8	3	7	1	6	9	5
3	6	5	4	8	9	7	2	1
9	1	7	2	5	6	4	3	8
5	8	6	9	1	2	3	7	4
2	3	1	5	4	7	9	8	6
7	4	9	8	6	3	5	1	2

138

7	6	2	5	8	3	4	9	1
9	1	5	7	6	4	2	8	3
4	8	3	1	2	9	7	5	6
6	3	7	2	4	5	8	1	9
1	5	9	6	7	8	3	4	2
2	4	8	9	3	1	5	6	7
3	9	4	8	1	7	6	2	5
8	2	1	3	5	6	9	7	4
5	7	6	4	9	2	1	3	8

139

6	8	5	1	2	7	4	3	9
1	2	9	4	8	3	7	6	5
7	3	4	5	9	6	2	1	8
4	5	2	6	3	9	1	8	7
8	1	7	2	4	5	3	9	6
9	6	3	7	1	8	5	2	4
2	7	1	8	6	4	9	5	3
3	4	8	9	5	2	6	7	1
5	9	6	3	7	1	8	4	2

140

2	8	5	6	9	3	1	4	7
9	6	1	7	2	4	8	5	3
4	3	7	5	1	8	6	9	2
1	4	3	2	5	7	9	6	8
6	7	9	3	8	1	5	2	4
5	2	8	9	4	6	3	7	1
7	9	6	8	3	2	4	1	5
3	1	2	4	6	5	7	8	9
8	5	4	1	7	9	2	3	6

141

3	4	5	8	6	9	7	2	1
1	9	8	2	7	5	6	4	3
7	6	2	3	1	4	5	8	9
9	5	6	4	3	8	1	7	2
2	1	3	5	9	7	4	6	8
8	7	4	1	2	6	9	3	5
6	3	9	7	5	2	8	1	4
5	8	1	6	4	3	2	9	7
4	2	7	9	8	1	3	5	6

142

9	4	2	5	3	1	6	7	8
3	6	7	2	4	8	1	9	5
8	1	5	7	6	9	3	4	2
2	5	1	3	9	4	8	6	7
6	9	8	1	7	2	4	5	3
4	7	3	6	8	5	9	2	1
1	3	4	9	5	7	2	8	6
7	2	9	8	1	6	5	3	4
5	8	6	4	2	3	7	1	9

143

7	6	5	2	4	9	8	3	1
9	2	1	7	3	8	4	5	6
3	4	8	1	5	6	7	2	9
2	1	4	9	7	5	3	6	8
8	9	7	3	6	4	5	1	2
5	3	6	8	2	1	9	4	7
4	5	2	6	8	7	1	9	3
1	7	3	4	9	2	6	8	5
6	8	9	5	1	3	2	7	4

144

5	9	2	6	8	4	7	1	3
8	6	3	5	7	1	2	4	9
4	7	1	3	9	2	5	6	8
1	3	5	7	4	6	8	9	2
2	4	7	9	1	8	3	5	6
9	8	6	2	5	3	4	7	1
7	5	8	1	2	9	6	3	4
3	2	9	4	6	7	1	8	5
6	1	4	8	3	5	9	2	7

145

4	5	8	7	1	6	3	2	9
9	2	6	8	3	4	1	7	5
7	3	1	5	2	9	8	4	6
5	9	2	3	7	8	6	1	4
8	7	4	1	6	5	9	3	2
1	6	3	4	9	2	5	8	7
6	4	9	2	8	1	7	5	3
3	1	5	6	4	7	2	9	8
2	8	7	9	5	3	4	6	1

146

9	1	8	7	3	4	6	2	5
7	2	6	5	8	1	4	3	9
4	3	5	2	6	9	1	7	8
1	7	2	9	5	8	3	4	6
8	9	3	6	4	2	5	1	7
5	6	4	1	7	3	8	9	2
2	8	9	4	1	6	7	5	3
6	5	1	3	2	7	9	8	4
3	4	7	8	9	5	2	6	1

147

9	1	4	2	3	8	7	6	5
5	3	6	1	9	7	2	4	8
7	8	2	6	5	4	1	9	3
8	7	9	4	2	5	3	1	6
4	2	5	3	1	6	8	7	9
1	6	3	8	7	9	4	5	2
2	4	7	5	6	3	9	8	1
6	9	1	7	8	2	5	3	4
3	5	8	9	4	1	6	2	7

148

6	9	8	3	7	1	2	4	5
3	2	4	8	5	6	9	1	7
7	5	1	4	9	2	8	3	6
2	3	9	7	8	4	6	5	1
1	6	5	2	3	9	7	8	4
8	4	7	6	1	5	3	9	2
9	1	2	5	6	8	4	7	3
5	7	6	9	4	3	1	2	8
4	8	3	1	2	7	5	6	9

149

7	3	2	5	1	9	8	6	4
1	9	8	2	6	4	3	5	7
4	5	6	7	3	8	1	9	2
8	1	9	3	5	7	2	4	6
3	4	5	8	2	6	9	7	1
6	2	7	4	9	1	5	8	3
2	8	4	9	7	3	6	1	5
5	7	1	6	8	2	4	3	9
9	6	3	1	4	5	7	2	8

150

7	9	6	3	5	1	8	2	4
2	3	8	7	9	4	1	6	5
4	1	5	8	6	2	7	9	3
3	5	7	1	2	9	4	8	6
8	4	2	6	7	3	5	1	9
9	6	1	5	4	8	2	3	7
6	2	4	9	1	5	3	7	8
1	7	3	4	8	6	9	5	2
5	8	9	2	3	7	6	4	1

151

1	5	8	2	4	6	3	7	9
3	6	9	7	5	8	4	1	2
2	7	4	9	3	1	5	6	8
4	8	6	1	2	9	7	5	3
5	3	7	8	6	4	2	9	1
9	2	1	3	7	5	8	4	6
8	1	2	4	9	7	6	3	5
7	9	5	6	8	3	1	2	4
6	4	3	5	1	2	9	8	7

152

6	3	9	1	5	2	4	7	8
8	2	4	6	3	7	9	1	5
5	1	7	8	9	4	2	6	3
2	6	3	7	4	1	5	8	9
1	7	8	5	2	9	6	3	4
9	4	5	3	6	8	1	2	7
4	9	6	2	7	3	8	5	1
3	5	1	4	8	6	7	9	2
7	8	2	9	1	5	3	4	6

153

7	1	8	9	2	5	3	4	6
5	2	9	6	3	4	8	1	7
6	3	4	1	8	7	5	9	2
4	9	7	2	6	3	1	8	5
2	8	1	5	7	9	6	3	4
3	5	6	8	4	1	7	2	9
1	6	2	4	5	8	9	7	3
9	4	3	7	1	6	2	5	8
8	7	5	3	9	2	4	6	1

154

7	2	1	6	9	8	5	4	3
3	8	9	1	4	5	7	2	6
4	6	5	7	3	2	9	1	8
2	1	8	3	6	7	4	5	9
5	9	3	8	1	4	2	6	7
6	4	7	5	2	9	3	8	1
9	7	4	2	8	1	6	3	5
8	3	2	9	5	6	1	7	4
1	5	6	4	7	3	8	9	2

155

1	2	8	7	4	3	5	6	9
6	4	9	2	5	1	7	3	8
5	7	3	9	8	6	2	4	1
7	5	2	8	9	4	3	1	6
3	8	4	6	1	2	9	7	5
9	1	6	3	7	5	4	8	2
2	3	1	4	6	9	8	5	7
4	6	7	5	2	8	1	9	3
8	9	5	1	3	7	6	2	4

156

9	2	5	8	7	3	4	1	6
7	1	4	9	5	6	2	8	3
6	3	8	4	2	1	9	5	7
4	8	7	6	1	2	5	3	9
1	5	2	7	3	9	6	4	8
3	9	6	5	4	8	1	7	2
2	4	3	1	6	7	8	9	5
8	7	1	2	9	5	3	6	4
5	6	9	3	8	4	7	2	1

157

6	2	9	3	8	5	4	7	1
1	8	7	6	4	9	3	2	5
5	3	4	2	1	7	9	6	8
3	9	1	4	7	6	5	8	2
8	5	6	1	9	2	7	4	3
4	7	2	5	3	8	1	9	6
2	4	5	7	6	3	8	1	9
9	1	3	8	2	4	6	5	7
7	6	8	9	5	1	2	3	4

158

4	1	9	3	8	7	5	2	6
2	3	7	5	9	6	4	8	1
5	6	8	1	4	2	9	7	3
8	2	3	7	1	5	6	9	4
1	9	5	8	6	4	7	3	2
6	7	4	2	3	9	8	1	5
9	8	1	4	5	3	2	6	7
7	5	6	9	2	1	3	4	8
3	4	2	6	7	8	1	5	9

159

8	4	1	5	3	2	7	6	9
5	6	7	4	1	9	2	3	8
2	9	3	8	6	7	5	4	1
3	5	6	1	2	4	8	9	7
9	1	8	6	7	3	4	5	2
4	7	2	9	5	8	3	1	6
7	2	9	3	4	1	6	8	5
1	3	5	7	8	6	9	2	4
6	8	4	2	9	5	1	7	3

160

2	8	4	6	9	5	1	3	7
5	1	3	8	7	4	9	6	2
9	6	7	2	1	3	4	8	5
3	7	8	5	2	1	6	4	9
1	5	9	7	4	6	8	2	3
4	2	6	9	3	8	7	5	1
6	4	1	3	5	9	2	7	8
7	9	5	4	8	2	3	1	6
8	3	2	1	6	7	5	9	4

161

5	7	9	8	3	4	2	1	6
4	2	1	7	9	6	3	8	5
6	3	8	2	1	5	9	4	7
1	8	7	3	2	9	6	5	4
2	5	6	1	4	8	7	3	9
3	9	4	5	6	7	8	2	1
9	4	2	6	5	3	1	7	8
7	1	5	9	8	2	4	6	3
8	6	3	4	7	1	5	9	2

162

2	7	1	8	9	3	6	5	4
3	4	5	2	1	6	7	9	8
8	6	9	7	5	4	2	3	1
9	3	6	1	7	2	4	8	5
4	2	7	5	3	8	9	1	6
1	5	8	6	4	9	3	2	7
6	8	4	9	2	1	5	7	3
7	1	2	3	6	5	8	4	9
5	9	3	4	8	7	1	6	2

163

6	9	5	8	3	7	4	2	1
3	4	7	2	6	1	8	9	5
8	2	1	4	5	9	6	7	3
4	7	3	9	1	6	2	5	8
5	1	6	7	8	2	3	4	9
9	8	2	5	4	3	1	6	7
7	3	9	1	2	4	5	8	6
2	6	8	3	7	5	9	1	4
1	5	4	6	9	8	7	3	2

164

3	4	1	6	5	2	7	8	9
5	2	8	1	9	7	6	4	3
6	7	9	4	3	8	2	1	5
8	5	3	9	4	6	1	2	7
4	9	7	5	2	1	8	3	6
1	6	2	8	7	3	5	9	4
9	8	5	2	6	4	3	7	1
7	1	6	3	8	9	4	5	2
2	3	4	7	1	5	9	6	8

165

4	5	1	3	8	6	9	2	7
7	6	2	5	9	4	8	1	3
8	3	9	2	1	7	5	4	6
1	8	5	7	4	3	2	6	9
6	7	3	9	2	5	4	8	1
9	2	4	8	6	1	7	3	5
2	4	6	1	5	9	3	7	8
5	1	7	4	3	8	6	9	2
3	9	8	6	7	2	1	5	4

166

3	9	1	5	6	4	7	2	8
6	2	8	7	3	9	5	4	1
7	5	4	8	1	2	9	3	6
9	6	2	1	7	8	4	5	3
8	1	3	9	4	5	6	7	2
5	4	7	3	2	6	1	8	9
1	3	9	2	5	7	8	6	4
4	8	5	6	9	3	2	1	7
2	7	6	4	8	1	3	9	5

167

9	7	5	2	8	6	1	4	3
6	2	8	3	1	4	9	7	5
4	3	1	9	5	7	8	2	6
5	9	4	6	7	3	2	8	1
1	8	3	5	2	9	7	6	4
2	6	7	1	4	8	3	5	9
8	4	6	7	9	1	5	3	2
7	1	2	4	3	5	6	9	8
3	5	9	8	6	2	4	1	7

168

1	3	5	4	2	7	8	9	6
2	9	4	8	1	6	5	7	3
6	7	8	9	5	3	2	4	1
7	6	3	1	9	8	4	2	5
8	4	9	5	6	2	3	1	7
5	2	1	3	7	4	6	8	9
4	5	6	7	8	1	9	3	2
9	8	7	2	3	5	1	6	4
3	1	2	6	4	9	7	5	8

169

2	1	9	7	3	8	4	6	5
5	3	7	2	4	6	1	8	9
8	6	4	5	1	9	3	2	7
3	9	8	1	7	2	5	4	6
1	2	6	4	8	5	7	9	3
4	7	5	6	9	3	8	1	2
6	8	1	9	5	7	2	3	4
7	4	2	3	6	1	9	5	8
9	5	3	8	2	4	6	7	1

170

2	1	6	3	4	8	5	9	7
9	7	3	6	2	5	1	8	4
5	8	4	9	7	1	6	3	2
3	4	7	5	1	2	8	6	9
1	6	5	8	9	4	7	2	3
8	9	2	7	3	6	4	1	5
7	3	1	4	8	9	2	5	6
6	2	9	1	5	7	3	4	8
4	5	8	2	6	3	9	7	1

171

4	2	1	8	9	5	3	7	6
6	8	5	3	7	1	4	2	9
7	3	9	6	2	4	5	1	8
5	7	2	9	8	3	6	4	1
1	6	3	2	4	7	9	8	5
8	9	4	1	5	6	7	3	2
3	5	6	4	1	8	2	9	7
9	4	8	7	6	2	1	5	3
2	1	7	5	3	9	8	6	4

172

1	9	2	8	6	5	3	4	7
3	4	5	2	1	7	8	9	6
7	6	8	9	4	3	5	1	2
2	1	4	7	3	6	9	8	5
9	7	3	5	2	8	1	6	4
8	5	6	1	9	4	7	2	3
6	8	1	3	7	2	4	5	9
4	3	9	6	5	1	2	7	8
5	2	7	4	8	9	6	3	1

173

4	9	5	8	6	2	1	7	3
2	3	1	5	7	9	4	6	8
7	8	6	4	3	1	2	9	5
8	6	9	7	2	5	3	4	1
3	5	2	9	1	4	6	8	7
1	7	4	6	8	3	9	5	2
5	2	7	3	9	6	8	1	4
6	1	8	2	4	7	5	3	9
9	4	3	1	5	8	7	2	6

174

5	7	4	6	2	3	8	9	1
8	6	2	7	9	1	3	4	5
9	1	3	8	4	5	2	7	6
3	5	6	1	7	9	4	8	2
1	2	8	4	3	6	9	5	7
4	9	7	2	5	8	1	6	3
6	4	5	9	1	2	7	3	8
2	8	9	3	6	7	5	1	4
7	3	1	5	8	4	6	2	9

175

4	9	2	7	6	1	5	8	3
3	8	7	2	4	5	6	1	9
5	6	1	3	9	8	2	4	7
6	3	4	8	5	2	9	7	1
1	7	8	6	3	9	4	5	2
9	2	5	1	7	4	8	3	6
7	1	9	4	8	6	3	2	5
2	4	6	5	1	3	7	9	8
8	5	3	9	2	7	1	6	4

176

9	8	1	7	4	2	6	3	5
6	3	4	9	8	5	2	7	1
2	7	5	1	6	3	9	4	8
7	1	3	5	2	8	4	9	6
4	2	8	3	9	6	5	1	7
5	6	9	4	1	7	8	2	3
1	5	6	2	3	9	7	8	4
3	9	7	8	5	4	1	6	2
8	4	2	6	7	1	3	5	9

177

4	1	3	7	2	5	8	9	6
7	5	9	6	3	8	1	2	4
8	6	2	4	1	9	5	3	7
1	8	5	2	7	6	9	4	3
6	2	4	1	9	3	7	5	8
3	9	7	8	5	4	2	6	1
2	4	6	9	8	1	3	7	5
9	3	1	5	4	7	6	8	2
5	7	8	3	6	2	4	1	9

178

3	2	8	9	7	6	5	1	4
6	4	9	3	1	5	8	7	2
7	1	5	2	4	8	9	3	6
8	7	3	1	5	4	2	6	9
9	5	4	7	6	2	1	8	3
1	6	2	8	9	3	4	5	7
4	8	7	6	2	1	3	9	5
2	9	1	5	3	7	6	4	8
5	3	6	4	8	9	7	2	1

179

9	2	7	4	5	1	8	3	6
3	1	5	7	8	6	4	9	2
8	4	6	3	2	9	7	1	5
5	9	8	6	1	2	3	7	4
1	7	2	5	3	4	9	6	8
4	6	3	8	9	7	5	2	1
6	8	9	1	7	5	2	4	3
2	5	1	9	4	3	6	8	7
7	3	4	2	6	8	1	5	9

180

9	3	4	2	7	6	5	1	8
2	7	6	8	5	1	3	9	4
8	1	5	4	3	9	7	6	2
5	6	3	1	8	2	4	7	9
1	8	9	5	4	7	6	2	3
7	4	2	9	6	3	8	5	1
6	9	7	3	1	8	2	4	5
4	2	8	6	9	5	1	3	7
3	5	1	7	2	4	9	8	6

181

1	8	7	5	6	4	2	3	9
6	9	2	3	7	1	4	8	5
5	3	4	9	2	8	7	6	1
4	1	9	7	8	6	3	5	2
8	5	6	2	4	3	1	9	7
7	2	3	1	5	9	6	4	8
2	6	5	8	3	7	9	1	4
3	7	1	4	9	5	8	2	6
9	4	8	6	1	2	5	7	3

182

6	5	8	3	4	2	9	1	7
4	9	7	5	8	1	3	2	6
3	2	1	7	6	9	8	4	5
8	7	3	9	2	4	5	6	1
1	6	2	8	7	5	4	9	3
9	4	5	6	1	3	7	8	2
5	1	4	2	3	8	6	7	9
7	8	9	1	5	6	2	3	4
2	3	6	4	9	7	1	5	8

183

9	7	1	4	5	8	3	6	2
5	4	8	2	3	6	9	1	7
3	2	6	1	7	9	4	8	5
1	6	9	3	4	2	5	7	8
8	5	2	6	9	7	1	3	4
7	3	4	5	8	1	6	2	9
4	8	7	9	6	3	2	5	1
6	1	5	8	2	4	7	9	3
2	9	3	7	1	5	8	4	6

184

8	5	3	2	9	1	6	7	4
1	7	6	8	3	4	9	2	5
9	4	2	6	7	5	8	3	1
3	2	5	9	8	7	1	4	6
7	6	1	5	4	3	2	9	8
4	9	8	1	2	6	7	5	3
2	3	9	4	1	8	5	6	7
6	8	7	3	5	2	4	1	9
5	1	4	7	6	9	3	8	2

185

6	7	3	8	5	2	4	1	9
4	1	5	7	9	3	8	6	2
8	2	9	6	1	4	7	5	3
3	4	2	1	8	9	5	7	6
9	6	8	5	4	7	2	3	1
1	5	7	3	2	6	9	8	4
7	3	4	9	6	8	1	2	5
5	9	6	2	7	1	3	4	8
2	8	1	4	3	5	6	9	7

186

7	5	3	6	2	8	1	9	4
6	8	1	9	5	4	7	2	3
9	2	4	7	1	3	5	8	6
3	1	5	8	9	6	2	4	7
2	9	7	1	4	5	3	6	8
8	4	6	3	7	2	9	1	5
5	6	2	4	3	1	8	7	9
1	7	8	5	6	9	4	3	2
4	3	9	2	8	7	6	5	1

187

5	7	4	9	2	1	3	8	6
3	9	6	8	5	7	4	2	1
2	1	8	4	3	6	5	9	7
8	3	1	7	6	4	2	5	9
7	6	9	2	8	5	1	4	3
4	2	5	3	1	9	6	7	8
1	8	2	5	9	3	7	6	4
9	4	3	6	7	2	8	1	5
6	5	7	1	4	8	9	3	2

188

7	3	1	6	4	9	8	2	5
2	5	8	1	7	3	4	9	6
4	9	6	2	5	8	7	3	1
6	1	4	7	3	2	5	8	9
9	8	7	4	1	5	3	6	2
3	2	5	9	8	6	1	7	4
8	4	9	5	6	7	2	1	3
5	6	3	8	2	1	9	4	7
1	7	2	3	9	4	6	5	8

189

3	2	8	9	7	1	5	6	4
7	1	9	5	4	6	2	8	3
4	5	6	8	3	2	1	7	9
6	7	5	4	2	3	9	1	8
2	9	3	7	1	8	6	4	5
8	4	1	6	9	5	3	2	7
5	8	7	1	6	9	4	3	2
9	6	2	3	8	4	7	5	1
1	3	4	2	5	7	8	9	6

190

7	8	6	1	5	3	2	9	4
1	9	5	7	4	2	8	6	3
3	4	2	8	9	6	7	1	5
4	3	8	2	7	9	1	5	6
6	5	7	3	8	1	9	4	2
9	2	1	5	6	4	3	8	7
2	6	9	4	3	8	5	7	1
8	7	3	6	1	5	4	2	9
5	1	4	9	2	7	6	3	8

191

9	4	5	8	7	6	2	3	1
1	7	2	5	9	3	6	4	8
6	8	3	1	2	4	5	9	7
4	9	8	6	3	5	1	7	2
7	3	1	9	8	2	4	5	6
5	2	6	7	4	1	3	8	9
8	6	4	3	1	7	9	2	5
3	1	7	2	5	9	8	6	4
2	5	9	4	6	8	7	1	3

192

6	3	2	5	9	7	8	1	4
5	7	9	8	4	1	3	2	6
8	1	4	3	2	6	7	9	5
7	5	3	1	8	9	6	4	2
1	9	6	4	7	2	5	8	3
4	2	8	6	3	5	9	7	1
2	6	7	9	5	4	1	3	8
3	4	1	7	6	8	2	5	9
9	8	5	2	1	3	4	6	7

193

6	8	5	3	2	1	7	4	9
4	3	2	8	9	7	1	6	5
7	9	1	5	4	6	2	8	3
8	4	6	2	3	5	9	7	1
5	7	9	1	8	4	3	2	6
1	2	3	7	6	9	8	5	4
9	5	8	6	1	2	4	3	7
3	6	4	9	7	8	5	1	2
2	1	7	4	5	3	6	9	8

194

5	7	9	2	1	4	6	3	8
8	1	6	3	5	7	4	9	2
3	4	2	6	8	9	1	7	5
2	9	8	4	7	3	5	6	1
6	5	4	1	9	2	3	8	7
7	3	1	5	6	8	2	4	9
9	6	5	8	3	1	7	2	4
4	8	3	7	2	5	9	1	6
1	2	7	9	4	6	8	5	3

195

5	1	4	7	6	2	3	9	8
2	3	8	9	4	5	7	6	1
9	6	7	3	8	1	4	2	5
1	8	2	6	3	4	5	7	9
4	5	3	2	9	7	8	1	6
6	7	9	1	5	8	2	3	4
3	9	5	8	7	6	1	4	2
8	2	6	4	1	3	9	5	7
7	4	1	5	2	9	6	8	3

196

6	3	2	9	8	5	7	1	4
8	7	5	6	1	4	2	3	9
9	1	4	7	2	3	8	5	6
2	8	3	4	6	9	1	7	5
5	9	7	8	3	1	6	4	2
4	6	1	2	5	7	3	9	8
1	2	9	5	7	8	4	6	3
7	4	8	3	9	6	5	2	1
3	5	6	1	4	2	9	8	7

197

8	7	6	9	4	5	3	2	1
1	2	4	3	8	6	5	7	9
3	9	5	2	1	7	4	8	6
5	8	7	4	6	1	9	3	2
2	1	9	5	3	8	6	4	7
6	4	3	7	2	9	8	1	5
4	5	2	6	7	3	1	9	8
9	3	8	1	5	2	7	6	4
7	6	1	8	9	4	2	5	3

198

3	4	7	6	5	2	1	8	9
9	1	5	4	3	8	7	2	6
6	2	8	7	1	9	3	5	4
2	8	9	5	4	3	6	7	1
7	6	4	8	2	1	5	9	3
1	5	3	9	6	7	2	4	8
4	3	2	1	9	5	8	6	7
8	9	1	2	7	6	4	3	5
5	7	6	3	8	4	9	1	2

199

7	2	1	6	8	3	5	9	4
9	4	5	2	7	1	3	8	6
6	8	3	4	9	5	2	1	7
8	9	6	7	4	2	1	5	3
2	5	4	3	1	8	7	6	9
3	1	7	5	6	9	8	4	2
1	7	9	8	2	6	4	3	5
4	3	8	9	5	7	6	2	1
5	6	2	1	3	4	9	7	8

200

1	5	6	4	8	3	7	2	9
7	3	9	1	5	2	6	4	8
4	8	2	6	7	9	5	1	3
2	1	4	9	3	6	8	5	7
9	6	5	7	2	8	1	3	4
8	7	3	5	1	4	2	9	6
3	9	1	8	6	5	4	7	2
5	4	8	2	9	7	3	6	1
6	2	7	3	4	1	9	8	5

Play these other fun puzzle books by USA TODAY

USA TODAY Sudoku
USA TODAY Everyday Sudoku
USA TODAY Crossword
USA TODAY Logic
USA TODAY Word Roundup / Word Search
USA TODAY Jumbo Puzzle Book
USA TODAY Everyday Logic
USA TODAY Jumbo Puzzle Book 2
USA TODAY Picture Puzzles Across America
USA TODAY Word Finding Frenzy
USA TODAY Sudoku 2
USA TODAY Crossword 2
USA TODAY Logic 2
USA TODAY Sudoku 3
USA TODAY Up & Down Words Infinity
USA TODAY Crossword 3
USA TODAY Crossword Super Challenge
USA TODAY Sudoku Super Challenge
USA TODAY Jumbo Puzzle Book Super Challenge
USA TODAY Logic Super Challenge